Tastenkürzel für Windows und Office für Dummies

Funktion des Shortcuts	Shortcut	Beschreibung
Vergrößern und Verkleinern der Anzeige	Strg	
Zwischen geöffneten Applikationen springen	Alt + ⇥	Mit dieser Tastenkombination können Sie zwischen geöffneten Applikationen hin und her springen.
Alles markieren	Strg + A	Diese bekannte Tastenkombination markiert sozusagen alles.
Alle Zellen mit angehängtem Kommentar markieren	Strg + ◊ + O	Dies markiert mit einem Rutsch alle Zellen einer Excel-Tabelle mit einem angehängten Kommentar.
Anwendung schließen	Alt + F4	Dies schließt die aktuelle Anwendung.
Rückgängig machen	Strg + Z	Diese Tastenkombination macht Schritt für Schritt die letzten Aktionen rückgängig.
Wiederherstellen	Strg + Y	Diese Tastenkombination stellt Schritt für Schritt die zuletzt rückgängig gemachten Aktionen wieder her.
Taste in Adressleiste setzen	F4	Die Taste setzt den Cursor in die Adressleiste im Windows-Explorer. Im Internet Explorer erfüllt F4 den gleichen Zweck.

Tastenkürzel für Windows und Office für Dummies

Funktion des Shortcuts	Shortcut	Beschreibung
Neuen Ordner anlegen	`Strg` + `⇧` + `N`	Damit erzeugen Sie im Windows-Explorer (im aktuellen Verzeichnis) einen neuen Ordner.
Umbenennen	`F2`	Hiermit können Sie Dateien oder Ordner umbenennen.
Eigenschaften anzeigen	`Alt` + `↵`	Wenn Sie im Explorer eine Datei, einen Ordner oder auf dem Windows-Desktop ein Programmsymbol markiert haben, werden mit dieser Tastenkombination die jeweiligen Eigenschaften angezeigt.
Windows-Hilfe aufrufen	`⊞` + `F1`	Dies ruft von jedem Programm aus direkt das Fenster für die Windows-Hilfe auf.
Den Windows-Explorer aufrufen	`⊞` + `E`	Damit rufen Sie den Windows-Explorer auf.
Dialog AUSFÜHREN	`⊞` + `R`	Diese Kombination ruft den Dialog AUSFÜHREN auf. Der Dialog wird oft vor allem dazu genutzt, das gute alte DOS-Fenster aufzurufen.
System sperren	`⊞` + `L`	Praktisch für die Pause zwischendurch: die Tastenkombination sperrt das System.

Tastenkürzel
für Windows und Office
für Dummies

Christine Peyton und Olaf Altenhof

Tastenkürzel für Windows und Office für Dummies

WILEY

WILEY-VCH Verlag GmbH & Co. KGaA

Bibliografische Information der Deutschen Nationalbibliothek
Die Deutsche Nationalbibliothek verzeichnet diese Publikation in der
Deutschen Nationalbibliografie; detaillierte bibliografische Daten sind im
Internet über http://dnb.d-nb.de abrufbar.

1. Auflage 2015
© 2015 WILEY-VCH Verlag GmbH & Co. KGaA, Weinheim

Wiley, the Wiley logo, Für Dummies, the Dummies Man logo, and related
trademarks and trade dress are trademarks or registered trademarks of
John Wiley & Sons, Inc. and/or its affiliates, in the United States and other
countries. Used by permission.

Wiley, die Bezeichnung »Für Dummies«, das Dummies-Mann-Logo und
darauf bezogene Gestaltungen sind Marken oder eingetragene Marken von
John Wiley & Sons, Inc., USA, Deutschland und in anderen Ländern.

Das vorliegende Werk wurde sorgfältig erarbeitet. Dennoch übernehmen
Autoren und Verlag für die Richtigkeit von Angaben, Hinweisen und Ratschlägen sowie eventuelle Druckfehler keine Haftung.

Printed in Germany
Gedruckt auf säurefreiem Papier

Coverfoto: JodiJacobson/istock
Korrektur: Petra Heubach-Erdmann
Satz: inmedialo Digital- und Printmedien UG, Plankstadt
Druck und Bindung: Media-Print Informationstechnologien, Paderborn

ISBN: 978-3-527-71217-5

Über die Autoren

Christine Peyton schreibt seit fast 20 Jahren EDV-Fachbücher für namhafte Verlage. Ihr Schwerpunkt liegt im Office-Bereich, sie hat aber auch Bücher zu Windows, zur Fotobearbeitung und zum Internet veröffentlicht. Außerdem arbeitet sie als Dozentin in der Erwachsenenbildung, wo sie neben EDV-Themen auch die englische Sprache unterrichtet.

Olaf Altenhof ist als freiberuflicher EDV-Berater tätig. In diesem Zusammenhang hilft er Unternehmen bei der Einrichtung und Wartung ihrer Internet- und Computersysteme und führt Mitarbeiterschulungen durch. Er kennt sich besonders gut mit den Themenbereichen Internet, Windows, Microsoft Office sowie der Reparatur und Wartung von Hardware aus und gibt sein Wissen gerne an seine Zuhörer und Leser weiter.

Inhaltsverzeichnis

Einleitung — 11

Kapitel 1
Globale Tastenkombinationen für Windows — 15

Kapitel 2
Tastenkombinationen für Windows — 25

Kapitel 3
Tastenkombinationen für Office — 39

Kapitel 4
Tastenkombinationen in Word — 47

Kapitel 5
Tastenkombinationen in Excel — 69

Kapitel 6
Tastenkombinationen für Outlook — 87

Kapitel 7
Markierungen/Erweiterung von Markierungen — 97

Kapitel 8
Eigene Shortcuts erstellen — 103

Kapitel 9
Mehr als zehn persönliche Empfehlungen — 109

Einleitung

Der Griff zur Maus ist den meisten Menschen bei der Arbeit am Computer in Fleisch und Blut übergegangen, es ist eine Geste, die man fast unbewusst macht. Wir möchten Sie mit diesem Büchlein von unserem Motto überzeugen: Es muss nicht immer Maus sein!

Über dieses Buch

In diesem Buch ist eine Fülle von Tastenkombinationen versammelt, mit denen viele Aktionen flott von der Hand gehen. Als Erstes stellen wir Tasten und Tastenkombinationen vor, die relativ global einzusetzen sind, also programmübergreifend in der Windows-Umgebung funktionieren. Da taucht zum Beispiel die Taste F1 auf, mit der Sie schon seit einer kleinen Ewigkeit in den verschiedensten Programmen die Hilfe aufrufen, oder der bekannte Affengriff, die Kombination Strg + Alt + Entf, mit der Sie ein Menü öffnen, über das Sie zum Task-Manager gelangen. Im zweiten Kapitel geht es etwas spezifischer um Tastenkombinationen für Windows, wobei es in der Natur der Sache liegt, dass es hier Überschneidungen mit den globalen Tastenkombinationen gibt. Es folgt in Kapitel 3 eine Auflistung von Tasten und Tastenkombinationen, die für Office gelten und übergreifend in den meisten Office-Programmen verwendet werden können. In Kapitel 4 stellen wir Shortcuts für Word vor, wobei sich auch hier gewisse Überschneidungen mit den Office-Shortcuts nicht vermeiden lassen; Strg + N zum Beispiel öffnet zwar ein neues leeres Dokument, funktioniert aber auch programmübergreifend und gehört daher auch zu den Office-Kürzeln. In Kapitel 5 über Excel werden Sie viele Tastenkombinationen entdecken, die den Umgang mit Tabellen erleichtern, egal, ob es um Navigation, Markierung oder Formatierung geht, um nur einige Punkte zu nennen. Viele praktische Tastenkombinationen gibt es auch für Outlook, die wir in Kapitel 6 vorstellen. In Kapitel 7 geht es dann um Tastenkombinationen rund um Markierungen und deren Erweiterungen. Schließlich beschreiben wir auch in Kapitel 8, wie Sie eigene Shortcuts in Word erstellen und wie Sie per individuellem Kürzel ruck, zuck ein Programm aufrufen können. In Kapitel 9 stellen wir Ihnen schließlich unsere Lieblingstastenkombinationen vor.

Konventionen in diesem Buch

Im Gegensatz zu vielen Listen mit Tastenkombinationen, die beispielsweise im Internet zu finden sind, listet dieses Buch die diversen Kürzel nicht nur einfach auf, sondern liefert zu jeder Tastenkombination auch eine Erklärung und gegebenenfalls eine genauere Beschreibung, mitunter ergänzt durch einen Screenshot. Selbstverständlich ist es ein Büchlein zum Nachschlagen und nicht zum Durchlesen von A bis Z. Wenn Sie anhand der Überschriften nicht das Richtige finden, schauen Sie in den Index, wo Sie gezielt nach einer Tastenkombination für eine bestimmte Funktion suchen können. Mit ein bisschen Glück finden Sie genau den Shortcut, den Sie schon lange vermisst haben, und der Ihnen in Zukunft das Leben erleichtern wird!

Symbole, die in diesem Buch verwendet werden

Dieses Symbol bedeutet, dass Sie hier einen nützlichen Tipp zum Thema bzw. zu einem beschriebenen Shortcut finden.

Hier finden Sie zusätzlichen Text zum Thema beziehungsweise zu einem Shortcut, beispielsweise eine nähere Erklärung oder ein bisschen Hintergrundinformation.

Wie es weitergeht

Lassen Sie sich nicht entmutigen durch die Vielzahl der Tastenkombinationen, die in diesem Buch versammelt sind. Kein Mensch kann sich unendlich viele Shortcuts merken. Am besten, Sie picken sich die Shortcuts heraus, die Ihnen für Ihre Arbeit besonders sinnvoll und nützlich erscheinen. Je öfter Sie sie dann verwenden, umso flotter werden sie Ihnen mit der Zeit von der Hand gehen. Wir wünschen Ihnen an dieser Stelle also ausnahmsweise nicht viel Spaß beim Klicken, sondern viel Spaß bei der Fingerakrobatik!

Globale Tastenkombinationen für Windows 1

Es gibt zahlreiche Tastenkombinationen, die ziemlich global funktionieren. Global bedeutet in diesem Zusammenhang, dass Sie solche Tastenkombinationen fast überall anwenden können, in Windows-Programmen, in Programmen, die unter Windows laufen, und teilweise auch in Browsern, mit denen Sie Webseiten betrachten.

Die in diesem Kapitel vorgestellten Tastenkombinationen sind eine Auswahl. Viele Shortcuts, die übergreifend in den Office-Programmen funktionieren, finden Sie in den nächsten Kapiteln dieses Büchleins.

Hilfe aufrufen   `F1`

Seit seligen DOS-Zeiten ist `F1` mit der Hilfe verbunden. Die Taste ruft die zum geöffneten Programm gehörige Hilfe auf, in Word beispielsweise die WORD-HILFE, im Windows-Explorer das Fenster WINDOWS-HILFE UND SUPPORT.

Aktualisieren `F5`

Das aktive Fenster wird aktualisiert. Dies heißt, dass der Inhalt des angeschlossenen Laufwerks oder auch einer aufgerufenen Webseite neu eingelesen wird. Die Taste ist also eine Alternative zum Klick auf das Symbol AKTUALISIEREN.

Zugriffstasten im Menüband `F10`

In Programmen mit Menüleiste wechselt man mit der Taste in die Menüleiste. In Office-Anwendungen und im Windows-Explorer erscheinen Buchstaben und Zahlen neben den Elementen, über die diese Elemente dann aktiviert werden können. Im Internet Explorer wird mit `F10` die Menüleiste eingeblendet.

Vollbildmodus aufrufen `F11`

Mit dieser Taste können Sie im sowohl im Windows-Explorer als auch im Internet Explorer und anderen Browsers den Vollbildmodus aufrufen. Ein nochmaliges Drücken beendet den Vollbildmodus und zeigt wieder ein Fenster an.

Code einblenden `F12`

`F12` blendet in Browsern den Code der Seite ein. In Office-Programmen wie Word oder Excel rufen Sie mit dieser Taste den Dialog SPEICHERN UNTER auf.

 F-Tasten für Spiele

Auch bei Computerspielen übernehmen die F-Tasten wichtige Aufgaben. Wer hier die Tastenbelegung gut kennt, kann blitzschnell reagieren und ist weniger kundigen Gegnern immer eine Nasenlänge voraus.

Screenshot machen `Druck`

Die Taste erstellt ein Bildschirmfoto des gesamten Fensters. Der Screenshot landet in der Zwischenablage und kann dann in ein Dokument eingefügt werden.

Screenshot des aktiven Fensters machen `Druck` + `Alt`

Diese Tastenkombination erstellt ein Bildschirmfoto des aktiven Fensters. Der Screenshot landet zunächst einfach in der Zwischenablage. Nun können Sie ihn (zum Beispiel mit `Strg` + `V`) in ein Dokument einfügen.

Anwendung schließen `Alt` + `F4`

Dies ist eine der klassischen Tastenkombinationen: Sie schließt die aktuelle Anwendung. Bei geöffneten Dokumenten werden Sie erst zum Speichern aufgefordert.

Zwischen Programmen wechseln `Alt` + `Esc`

Mit dieser Tastenkombination können Sie auf Knopfdruck zwischen Elementen, zum Beispiel geöffneten Programmfenstern, in der Reihenfolge, in der sie geöffnet wurden, hin und her schalten.

Wechsel zwischen geöffneten Fenstern `Alt` + `↹`

Die Tastenkombination wechselt zwischen den Fenstern. Wenn Sie sie verwenden, erscheint eine Liste mit den aktuell geöffneten Fenstern, die Sie auswählen können. Um ein Fenster auszuwählen, lassen Sie die Tasten los. Drücken Sie zusätzlich `⇧`, um in umgekehrter Richtung durch die Fensterliste zu blättern.

Fenstermenü öffnen `Alt` + `Leertaste`

Die Tastenkombination öffnet das Fenstermenü für das aktive Fenster.

Zurückgehen

Damit springen Sie im Browser zurück zu der Seite, die Sie zuvor aufgerufen hatten, im Windows-Explorer gehen Sie zurück in das zuvor geöffnete Verzeichnis.

Vorwärtsgehen

Mit dieser Tastenkombination können Sie vorwärts die zuvor besuchten Internetseiten aufrufen oder Verzeichnisse aktivieren.

Dokument schließen

Die Tastenkombination schließt das aktive Dokument (in Apps und Programmen, in denen mehrere Dokumente gleichzeitig geöffnet sein können). Gegebenenfalls erscheint die Frage, ob Sie die Änderungen speichern möchten.

Alles markieren

Hiermit werden alle Elemente in einem Dokument oder Fenster ausgewählt. Das können beispielsweise alle Ordner und Dateien des im Windows-Explorer geöffneten Laufwerks sein, ein in Word geöffnetes Dokument oder eine komplette Webseite im Internet.

Elemente kopieren `Strg` + `C`
(oder `Strg` + `Einfg`)

Diese bekannte Tastenkombination kopiert das ausgewählte Element, egal, ob es sich um einen Ordner, eine Datei, eine Auswahl in einem Dokument oder eine Auswahl auf einer Webseite handelt.

Elemente ausschneiden `Strg` + `X`

Die Tastenkombination schneidet das ausgewählte Element aus, anstatt es zu kopieren. Es wird also nicht am Ursprungsort belassen wie beim Kopieren, sondern dort regelrecht weggenommen.

Elemente einfügen `Strg` + `V`
(oder `⇧` + `Einfg`)

Mit dieser Tastenkombination fügen Sie zuvor kopierte oder ausgeschnittene Elemente ein. Zuvor gehen Sie zum Zielort. Dies kann ein anderes Verzeichnis oder ein anderes Laufwerk sein oder zum Beispiel eine andere Stelle in einem Dokument.

Rückgängig machen `Strg` + `Z`

Die Tastenkombination macht Schritt für Schritt die letzten Aktionen rückgängig.

Wiederherstellen `Strg` + `Y`

Diese Tastenkombination stellt die zuletzt rückgängig gemachte Aktion wieder her.

Browseranzeige vergrößern `Strg` + `+`
oder verkleinern `Strg` + `-`

Diese Tastenkombinationen funktionieren in Browsern hervorragend als Zoom zum Vergrößern oder Verkleinern der Anzeige. In Office-Anwendungen haben sie andere Bedeutungen.

Zoom verändern `Strg` + Mausrad

Wenn Sie `Strg` gedrückt halten und am Mausrad drehen, vergrößern beziehungsweise verkleinern Sie die Anzeige auf dem Bildschirm. Die Kombination ersetzt somit die Zoomfunktion. Im Windows-Explorer verändern Sie damit die Ansicht, zum Beispiel von der Ansicht LISTE zu KLEINE SYMBOLE.

Desktop aufrufen `Strg` + `Esc`

Mit der Tastenkombination rufen Sie in geöffneten Programmfenstern oder Apps den Desktop auf, unter Windows 8 den Startbildschirm.

Task-Manager aufrufen `Strg` + `⇧` + `Esc`

Dies öffnet von fast jedem Programm aus direkt das Fenster mit dem Task-Manager und nicht erst das Menü, in dem Sie den Task-Manager auswählen können.

22 Tastenkürzel für Windows und Office für Dummies

		3%	36%	0%	0%
Name	Status	CPU	Arbeitss...	Datenträ...	Netzwerk
Apps (4)					
▷ Microsoft Excel (32 Bit)		0%	18,4 MB	0 MB/s	0 MBit/s
▷ Microsoft Word (32 Bit) (3)		0,2%	95,2 MB	0 MB/s	0 MBit/s
▷ Task-Manager		0,5%	14,7 MB	0 MB/s	0 MBit/s
▷ Windows-Explorer		0,2%	49,2 MB	0 MB/s	0 MBit/s
Hintergrundprozesse (69)					
AAM Updates Notifier Applicati...		0%	0,4 MB	0 MB/s	0 MBit/s
ACMON (32 Bit)		0%	0,2 MB	0 MB/s	0 MBit/s
▷ AdminService Application		0%	0,7 MB	0 MB/s	0 MBit/s
▷ Adobe Acrobat Update Service (...		0%	0,5 MB	0 MB/s	0 MBit/s
▷ Adobe Photoshop Elements 12....		0%	0,4 MB	0 MB/s	0 MBit/s
Adobe Reader and Acrobat Man...		0%	2,1 MB	0 MB/s	0 MBit/s
ALDITALKVerbindungsassistent...		0%	2,3 MB	0 MB/s	0 MBit/s
▷ ALDITALKVerbindungsassistent...		0%	0,6 MB	0 MB/s	0 MBit/s

Geöffnete Apps anzeigen

Diese Tastenkombination öffnet und zeigt eine Liste mit allen geöffneten Programmen beziehungsweise Apps. Mit den Pfeiltasten können Sie durch die Liste wandern. Drücken Sie einfach ⏎, um ein Fenster zu aktivieren.

Bildschirm drehen `Strg` + `Alt` + `↓`

Diese Tastenkombination stellt die Bildschirmansicht regelrecht auf den Kopf. Mit `Strg` + `Alt` + `↑` drehen Sie die Ansicht wieder um. Mit den `→` oder `←` drehen Sie die Ansicht dann entsprechend vertikal nach rechts oder links. Uns bleibt allerdings unklar, warum oder wann man diese Möglichkeit einsetzen sollte. Vielleicht, wenn Sie während Ihrer Yoga-Übungen weiterhin am Rechner arbeiten möchten?

Kontextmenü aufrufen `⇧` + `F10`

Diese Tastenkombination ruft das Kontextmenü für das ausgewählte Element auf.

Löschen ohne Papierkorb `⇧` + `Entf`

Damit löschen Sie ausgewählte Elemente ohne vorheriges Verschieben in den Papierkorb – eine praktische Tastenkombination, wenn Sie sicher sind, das Element wirklich entfernen zu wollen. Das erspart Ihnen dann den weiteren Schritt, auch noch den Papierkorb leeren zu müssen. Sie erhalten allerdings noch die Nachfrage, ob Sie das Element wirklich löschen möchten.

Bildschirmlupe aktivieren

Damit aktivieren Sie die Bildschirmlupe, die tatsächlich wie eine Lupe funktioniert. Wenn Sie sich mit aktivierter Lupe über den Bildschirm bewegen, haben Sie das Gefühl, eine Lupe in der Hand zu haben. Der jeweilige Ausschnitt wird je nach eingestelltem Zoomfaktor (wiederum mit ⊞ + + beziehungsweise -) vergrößert dargestellt. Sie können die Lupe mit ⊞ + Esc beenden.

Tastenkombinationen für Windows 2

Um es gleich vorwegzusagen: Zwischen globalen Tastenkombinationen und Tastenkombination für Windows gibt es keine Trennschärfe. Viele der Tastenkombinationen, die wir im ersten Kapitel als global vorgestellt haben, sind ohnehin Tastenkombinationen für Windows.

Allgemeine Tasten und Tastenkombinationen

Hier beschreiben wir Tasten und Tastenkombinationen, die insbesondere in Windows-Programmen wie etwa dem Windows-Explorer von Nutzen sind. Ohne zur Maus zu greifen, haben Sie bestimmte Aktionen blitzschnell erledigt. Die in diesem Kapitel beschriebenen Tasten und Tastenkombinationen funktionieren generell unter Windows. Nur im letzten Abschnitt geht es speziell um Griffe für Windows 8, da die Charms-Leiste meistens eine Rolle spielt.

Umbenennen `F2`

Mit dieser Taste können Elemente wie Ordner oder Dateien im Windows-Explorer oder beispielsweise Programmsymbole auf dem Desktop umbenannt werden, Sie markieren einfach das Element, drücken `F2` und schreiben den neuen Namen in die Markierung. Fertig. Das geht wesentlich schneller, als im Kontextmenü UMBENENNEN zu wählen.

Suchen `F3`

Diese Taste setzt den Cursor bei Window 8 in das Suchfeld des geöffneten Programms oder Dialogs; dort geben Sie den Namen der gesuchten Datei oder des gesuchten Ordners ein. Ergebnisse tauchen bereits nach Eingabe des ersten oder zweiten Zeichens (Buchstabe oder Zahl) auf, je mehr Zeichen Sie eingeben, desto genauer werden die Treffer.

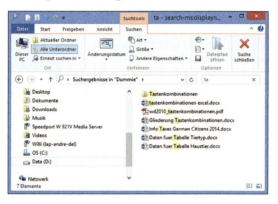

Taste in Adressleiste setzen `F4`

Die Taste setzt den Cursor in die Adressleiste im Windows-Explorer. Im Internet Explorer erfüllt `F4` den gleichen Zweck.

Zwischen Elementen wechseln `F6`

Im Windows-Explorer wechseln Sie damit zwischen dem Navigationsbereich und dem Bereich mit der Anzeige der Ordner und Dateien hin und her. Auf dem Windows-Desktop hüpfen Sie mit `F6` vom Desktop in die Taskleiste und umgekehrt.

Abgesicherten Modus starten ⌜F8⌝

⌜F8⌝ ist von Nutzen, bevor Windows überhaupt hochgefahren ist. Drückt man sie kurz vor Erscheinen des Windows-Logos, startet das Betriebssystem im sogenannten abgesicherten Modus. In diesem Modus werden nur die notwendigsten Treiber geladen. Die Taste spielt aber auch beim Markieren in Office-Anwendungen eine Rolle. Dazu mehr in den entsprechenden Kapiteln.

Neuen Ordner anlegen ⌜Strg⌝ + ⌜⇧⌝ + ⌜N⌝

Damit erzeugen Sie im Windows-Explorer (im aktuellen Verzeichnis) einen neuen Ordner. Den können Sie dann sofort umbenennen, die Beschriftung NEUER ORDNER ist markiert.

Ordner einblenden ⌜*⌝

Mit dieser Taste aus dem Nummernblock der Tastatur können Sie im Windows-Explorer alle unter der aktuellen Auswahl untergeordneten Ordner einblenden.

Ordner ausblenden ⌜+⌝ oder ⌜-⌝

Mit dieser Taste aus dem Nummernblock der Tastatur blenden Sie im Windows-Explorer die Unterverzeichnisse der aktuellen Auswahl ein beziehungsweise wieder aus.

Den Task-Manager aufrufen ⌜Strg⌝ + ⌜Alt⌝ + ⌜Entf⌝

Mit dieser altbekannten Tastenkombination, im Volksmund als Affengriff bezeichnet, fahren Sie schon lange nicht mehr direkt den Rechner runter, sondern rufen zunächst ein Menü auf, über das Sie den Task-Manager öffnen können. Dieser Task-Manager zeigt alle auf Ihrem Computer laufenden Programme und Prozesse sowie Prozessor-, Netzwerk- und Speicherauslastung an. Sie können hier bei Problemen geöffnete Programme beenden, die Auslastung überprüfen et cetera.

Startmenü oder Startbildschirm aufrufen `Strg` + `Esc`

Damit wird in Windows 8 der Startbildschirm aufgerufen, in älteren Windows-Versionen *und in Windows 10* das Startmenü.

Suchen `Strg` + `F`

Im Windows-Explorer und in Fenstern mit einem Suchfeld bewirkt diese Tastenkombination das Gleiche wie `F3`: Der Cursor wandert in das Suchfeld.

Zurückgehen `Alt` + `←`

Generell kehren Sie mit dieser Tastenkombination zur vorhergehenden Ansicht zurück. Im Windows-Explorer verlassen Sie damit den geöffneten Ordner und landen wieder im übergeordneten Ordner.

Vorwärtsgehen `Alt` + `→`

Damit gehen Sie wieder nach vorne zu einer vorherigen Ansicht.

Eigenschaften anzeigen `Alt` + `↵`

Wenn Sie im Explorer eine Datei, einen Ordner oder auf dem Windows-Desktop ein Programmsymbol markiert haben, werden mit dieser Tastenkombination die jeweiligen Eigenschaften angezeigt.

Tastaturlayout ändern

Dies ändert die Sprache Ihrer Tastatur, also das Tastaturlayout. Oft wird diese Kombination versehentlich gedrückt und sorgt für Verwirrung, weil die Tasten plötzlich anders belegt sind. Mit dieser Tastenkombination lösen Sie das Problem, ohne sich durch die Systemsteuerung klicken zu müssen.

Tastenkombinationen mit der Windows-Taste

Die meisten modernen Tastaturen besitzen eine Taste, auf dem das Windows-Logo abgebildet ist. Mit dieser Windows-Taste können Sie eine ganze Reihe von Aktionen auf die Schnelle auslösen. Bis auf eine Ausnahme funktionieren die hier aufgelisteten Tasten und Tastenkombinationen in allen (noch) gängigen Windows-Versionen.

Startmenü oder Startbildschirm aufrufen

Mit der Windows-Taste rufen Sie im Handumdrehen das Startmenü auf. Unter Windows 8 wird damit der Startbildschirm mit den Kacheln) aufgerufen.

Charms-Leiste öffnen

Mit dieser Tastenkombination rufen Sie in Windows 8 ruck, zuck die Charms-Leiste auf.

Programme hintereinander anzeigen

Mit dieser Kombination werden geöffnete Fenster fächerartig hintereinander angezeigt. Wenn Sie die Tasten loslassen, erscheint das gerade oben liegende Fenster im Vordergrund. Unter Windows 8 funktioniert diese Tastenkombination nicht.

Windows-Hilfe aufrufen

Das Fenster für die Windows-Hilfe wird angezeigt, auch wenn Sie die Tastenkombination in einem anderen Programm wie beispielsweise Word betätigen. `F1` allein würde dann die Word-Hilfe aufrufen.

Dialog »Ausführen«

Diese Kombination ruft den Dialog AUSFÜHREN auf. Der Dialog wird oft vor allem dazu genutzt, das gute alte DOS-Fenster aufzurufen (mit der Eingabe cmd). In diesem Fenster können Sie nach alter Gewohnheit DOS-Befehle ausführen lassen, die für alte Geräte und Programme auch heute noch wichtig sind.

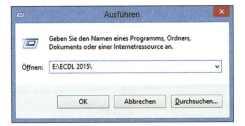

Den Windows-Explorer aufrufen

Damit rufen Sie den Windows-Explorer auf, mit dem Sie die Laufwerke, Ihre Verzeichnisse und Dateien verwalten.

Desktop anzeigen

Mit diesem Griff wird der Desktop angezeigt. Mit demselben Griff blenden Sie das Programmfenster wieder ein.

Suchfeld einblenden

Dies öffnet das Suchfeld zum Suchen von Elementen. In Windows 8 erscheint es in der Leiste am rechten Rand des Bildschirms.

System sperren

Diese Tastenkombination sperrt das System und führt auf den Anmeldebildschirm zur Passwort-Eingabe; dies ist also eine Tastenkombination, die praktisch ist für die schnelle Pause zwischendurch. So können neugierige Ehepartner oder Kollegen nicht auf Ihren PC schauen.

Center für erleichterte Bedienung öffnen

Diese Tastenkombination öffnet das Fenster CENTER FÜR ERLEICHTERTE BEDIENUNG (Bildschirmlupe, Bildschirmtastatur, hoher Kontrast et cetera) der Systemsteuerung.

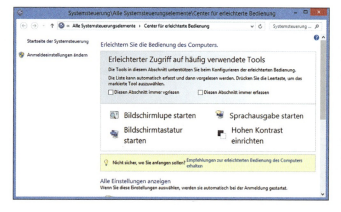

Durch Apps navigieren

Mit dieser Tastenkombination wird die erste App auf der Taskleiste ausgewählt. Durch Drücken von ⊤ wandern Sie bei gedrückter Windows-Taste durch alle Apps auf der Taskleiste. Um die ausgewählte App anzeigen zu lassen, drücken Sie einfach ↵.

Tastenkombinationen für Windows 10

In diesem Abschnitt stellen wir Tastenkombinationen vor, die Sie in Windows 10 einsetzen können.

Screenshot machen und teilen

Mit diesem Griff machen Sie einen Screenshot vom Bildschirm, den Sie unmittelbar mit jemandem teilen können. Am rechten Bildschirm taucht die Leiste TEILEN auf. Wählen Sie hier eine Option, zum Beispiel MAIL, um den Screenshots zu versenden.

Fenster mit Einstellungen

Damit wird ein Fenster für die Einstellungen des Computers aufgerufen.

Leiste mit Gerätemenü

Dies öffnet eine Leiste, in der Sie die zum Beispiel über bluetooth angeschlossenen Geräte angezeigt bekommen.

Projizieren für externen Bildschirm

Mit dieser Tastenkombination öffnen Sie eine Leiste PROJIZIEREN. Hier können Sie den Anzeigemodus auf einem externen Bildschirm auswählen.

Suchfeld einblenden

Mit dieser Kombination wird in Windows 10 ein Suchfenster auf der linken Seite eingeblendet.

Auswahlmenü aufrufen

Dies blendet ein Auswahlmenü ein, aus dem man unter anderem zur Systemsteuerung, zum Task-Manager und zum Windows-Explorer gelangt.

Fenster halbieren

Dieser Griff reduziert das geöffnete Fenster genau auf die Hälfte des Bildschirms. Sie können dann ein weiteres Fenster auf die andere Hälfte platzieren, um zum Beispiel etwas zu vergleichen. Um wieder das volle Fenster anzeigen zu lassen, drücken Sie ⊞ + ↑.

Das Fenster teilen

Mit dieser Tastenkombination wird das aktive Fenster gelöst und auf die Hälfte reduziert. Die andere leere Hälfte kann mit Apps gefüllt werden. Sie machen das so: Erst drücken

Sie ⊞ + ⌷, dann lassen Sie die ⌷ los, halten aber die ⊞ weiterhin gedrückt und betätigen eine der Pfeiltasten. Nun erhalten Sie einen geteilten Bildschirm.

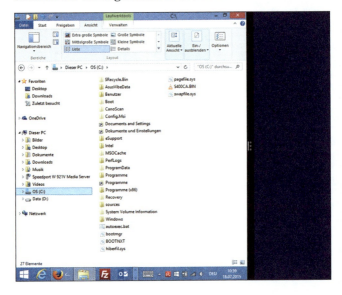

Um den leeren Bildschirm mit Apps zu füllen – bis zu vier können Sie dort hinlegen –, rufen Sie den Startbildschirm auf und wählen die gewünschten Apps aus. Dies können Sie dreimal wiederholen. Die Apps werden angeordnet oder Sie können sie mit den Pfeiltasten verschieben. Das Ganze braucht etwas Übung!

Sprachausgabe aktivieren ⊞ + ↵

Hiermit aktivieren Sie die Sprachausgabe. Das heißt, dass eine Stimme Ihnen alle Aktionen und Ereignisse, also alles, was Sie am PC machen, und auch alles, was am Bildschirm zu sehen ist, laut vorliest. Auch wenn Sie keine Sehbehinderung haben, ist die Sprachausgabe sehr lustig, probieren Sie es ruhig einmal aus. Sie beenden die Sprachausgabe mit ⎋ Esc .

Fenster rechts oben andocken ⊞ + → + ⇧

Ein Fenster lässt sich schon seit einer Ewigkeit teilen. Unter Windows 10 können Sie nun sogar in jeder Fensterecke ein Fenster andocken. Mit dieser Tastenkombination docken Sie ein Fenster in der rechten oberen Ecke an.

Fenster rechts unten andocken

Mit dieser Tastenkombination docken Sie ein Fenster in der rechten unteren Ecke an.

Fenster oben links andocken ⊞ + ← + ⇧

Mit dieser Tastenkombination docken Sie ein Fenster in der linken oberen Ecke an.

Fenster unten links andocken

Mit dieser Tastenkombination docken Sie ein Fenster in der linken unteren Ecke an.

Einen neuen Desktop erstellen ⊞ + Strg + D

Sie können mit unterschiedlichen Desktops arbeiten. Mit dieser Tastenkombination erstellen Sie ruck, zuck einen neuen leeren Desktop.

Tastenkombinationen für Office 3

Es gibt viele Tastenkombinationen, die Sie generell oder in den meisten Programmen, die zum Office-Paket gehören, anwenden können. Solche allgemeinen Tastenkombinationen stellen wir in diesem Kapitel vor.

Allgemeine Tastenkombinationen

In diesem Abschnitt listen wir praktische Tasten und Tastenkombinationen auf, mit denen Sie allgemeine Handgriffe flott erledigen können. Einen Teil dieser Tastenkombination haben wir bereits in den Kapiteln zu Windows erwähnt, sodass wir sie hier weggelassen haben, um Sie nicht mit zu vielen Wiederholungen zu langweilen. Dazu gehören zum Beispiel [Strg] + [C], [Strg] + [X] und [Strg] + [V] zum Kopieren, Ausschneiden und Einfügen.

Menüband aus-und einblenden [Strg] + [F1]

Diese Tastenkombination blendet das Menüband aus beziehungsweise wieder ein.

Zugriffstasten einblenden [Alt]

Durch Drücken von [Alt] tauchen im Menüband Buchstaben an den Registerkarten und Ziffern (Zugriffstasten) an den Symbolen der Schnellsymbolleiste auf. Mit den Buchstaben aktivieren Sie die entsprechende Registerkarte, mit den Ziffern die jeweiligen Funktionen der Symbole. Je nachdem, welchen Buchstaben oder welches Zeichen Sie drücken, werden möglicherweise zusätzliche Zugriffstasten angezeigt.

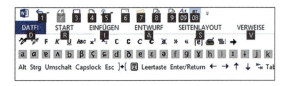

Drücken Sie beispielsweise ⎣Alt⎦ > ⎣R⎦ > ⎣3⎦, um die ausgewählten Zeichen zu unterstreichen. Zugegeben, Sie müssen dreimal eine Taste drücken, aber wenn die Finger ohnehin auf der Tastatur liegen, kann das praktischer sein, als extra zur Maus zu greifen.

Registerkarten aktivieren ⎣Alt⎦ + ⎣→⎦

Nachdem Sie ⎣Alt⎦ gedrückt haben, können Sie mit ⎣←⎦ und ⎣→⎦ zu anderen Registerkarten wechseln.

Zugriffstasten einblenden ⎣F10⎦

Wie ⎣Alt⎦: Sie blenden damit die Zugriffstasten ein, also Buchstaben und Ziffern im Menüband.

Neues Office-Dokument erstellen ⎣Strg⎦ + ⎣N⎦

Sie erhalten damit in Word ein neues, leeres Dokument, in Excel eine leere Arbeitsmappe und in PowerPoint eine leere Präsentation. In Outlook wird je nach aktiviertem Modul das Fenster für eine neue Mail, einen neuen Termin oder einen neuen Kontakt eingeblendet.

Office-Dokument öffnen ⎣Strg⎦ + ⎣O⎦

Damit gelangen Sie zum Backstage-Bereich (ansonsten per Klick auf Datei zu öffnen) und hier direkt zum Punkt Öffnen.

Office-Dokument speichern `Strg` + `S`

Diese Tastenkombination speichert das geöffnete Dokument. Bei noch nicht gespeicherten Dokumenten wird der Backstage-Bereich mit dem Punkt SPEICHERN UNTER aufgerufen.

Dialog »Speichern unter« öffnen `F12`

Dies öffnet direkt den Dialog SPEICHERN UNTER.

Druckdialog öffnen `Strg` + `P`

Damit öffnen Sie den Backstagebereich mit dem Punkt DRUCKEN und der DRUCKVORSCHAU.

Office-Dokument schließen

Dies schließt ein Dokument beziehungsweise eine Mappe. Sie erhalten aber vorher den kleinen Dialog mit der Nachfrage, ob Sie Änderungen speichern möchten oder nicht.

Nach Elementen suchen

Sie können nach Elementen suchen; in Word wird der Navigationsbereich mit dem Suchfeld, in Excel der Dialog SUCHEN UND ERSETZEN, in PowerPoint ebenfalls ein kleiner Dialog mit einem Suchfeld geöffnet.

Aktionen rückgängig machen

Dies entspricht der Funktion RÜCKGÄNGIG; Sie nehmen damit also Aktionen zurück.

Eine Aktion wiederherstellen

Dies wiederholt eine zuvor zurückgenommene Aktion.

Fenster schließen

Sie schließen damit das aktive Fenster. Sofern Bearbeitungen im Dokument noch nicht gespeichert wurden, wird zunächst der Dialog eingeblendet, in dem Sie gefragt werden, ob Änderungen gespeichert werden sollen oder nicht.

Fenstergröße wiederherstellen `Alt` + `F5`

Damit stellen Sie die vorherige Größe eines Fensters wieder her, nachdem es maximiert, also als Vollbild dargestellt wurde.

Zum nächsten Fenster wechseln `Strg` + `F6`

Mit dieser Tastenkombination wechseln Sie innerhalb einer Anwendung zum nächsten Fenster, wenn mehrere Fenster geöffnet sind.

Zum vorherigen Fenster wechseln `Strg` + `⇧` + `F6`

Damit wechseln Sie zum vorherigen Fenster, wenn mehrere Fenster geöffnet sind.

Kontextmenü öffnen `⇧` + `F10`

Damit wird das Kontextmenü des ausgewählten Elements geöffnet.

Druckdialog öffnen `Strg` + `F2`

Auch damit rufen Sie den Druckdialog mit der Druckvorschau und den Einstellungen für den Ausdruck auf.

Einen Hyperlink einfügen

Dies öffnet den Dialog HYPERLINK EINFÜGEN. Hier geben Sie dann ein, wohin der Hyperlink führen soll, also zum Beispiel zu einer anderen Datei und einer Webseite.

Tastenkombinationen in Dialogfeldern

Auch wenn Sie ein Dialogfeld geöffnet haben, müssen Sie nicht unbedingt zur Maus greifen. Sehr schnell können Sie die verschiedenen Optionen mit Tasten und Tastenkombinationen ansteuern.

Nächste Registerkarte im Dialog aktivieren

Damit aktivieren Sie die jeweils nächste Registerkarte in einem geöffneten Dialogfeld. In der Abbildung würden Sie also zur Registerkarte PAPIER hüpfen.

Vorherige Registerkarte im Dialog aktivieren

Damit bewegen Sie sich rückwärts durch die Registerkarten in einem geöffneten Dialogfeld.

Navigieren in Dialogen

Dies ist zwar keine Tastenkombination, aber daher umso einfacher zu merken. Mit ⇥ wandern Sie vorwärts durch die Optionen im Dialogfeld.

Optionen im Dialog ansteuern   `Alt` + unterstrichener Buchstabe

Sie können die Optionen in einem Dialog direkt ansteuern, indem Sie `Alt` und den unterstrichenen Buchstaben in der jeweiligen Optionsbezeichnung drücken. Sofern Sie dann in einem Auswahlmenü eine Auswahl treffen müssen, nutzen Sie die Pfeiltaste und bestätigen die Wahl mit ↵.

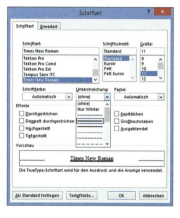

Um zum Beispiel eine doppelte Unterstreichung wie im abgebildeten Dialog einzustellen, drücken Sie also entweder die ⇥-Taste bis zum Punkt UNTERSTREICHUNG oder Sie drücken `Alt` + `U`. Dann drücken Sie ↓ und zur Bestätigung ↵.

In fast jeder Options- oder Funktionsbezeichnung gibt es einen unterstrichenen Buchstaben. Schauen Sie genau hin! Vor der Erfindung der Computermaus waren die unterstrichenen Buchstaben zusammen mit ⌊Alt⌉ der gängige und einzige Weg der Navigation.

Rückwärts durch Dialoge wandern

Auf diese Weise wandern Sie rückwärts durch die Optionen im Dialogfeld.

Tastenkombinationen in Word 4

In diesem Kapitel stellen wir Tastenkombinationen vor, die Sie in Word (in allen neueren Versionen) anwenden können, die teilweise aber auch in den anderen Office-Programmen funktionieren. Falls Sie hier etwas vermissen, schauen Sie bitte in das Kapitel über Office.

Umgang mit Dokumenten

Dieser Abschnitt listet Tastenkombinationen rund um den Umgang mit Dokumenten auf; dazu gehören Aktionen wie Öffnen, Speichern, Teilen eines Fensters et cetera. Da viele dieser Tastenkombinationen auch für andere Office-Programme gelten, sind Überschneidungen mit dem Kapitel »Tastenkombinationen in Office« nicht auszuschließen.

> ### Nur eine Auswahl
>
> Die hier vorgestellten Tastenkombinationen sind eine Auswahl. Die Auflistung könnte noch länger sein, aber wir denken, dass Sie in diesem Kapitel auf jeden Fall fündig werden und solche Tastenkombinationen entdecken, die beim Arbeiten in Word tatsächlich ein Gewinn sind.

Ein leeres Dokument erstellen `Strg` + `N`

Damit erstellen Sie ein neues, leeres Dokument.

Dokumente öffnen

Dies öffnet den Backstage-Bereich mit dem Menüpunkt ÖFFNEN.

Den Dialog »Öffnen« aufrufen

Mit dieser Tastenkombination gelangen Sie direkt in den Dialog ÖFFNEN.

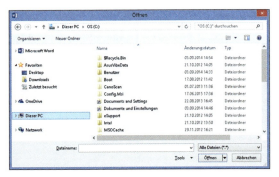

Dokumente schließen

Damit schließen Sie ein Dokument. Zuvor werden Sie in einem Dialog gefragt, ob Sie das Dokument speichern möchten.

Dokumente speichern

Sie speichern ein Dokument. Wenn das geöffnete Dokument noch nicht gespeichert ist, wird damit der Backstage-Bereich mit dem Punkt SPEICHERN UNTER geöffnet.

Den Dialog »Speichern unter« aufrufen

Hiermit rufen Sie direkt den Dialog SPEICHERN UNTER auf.

Dokumentfenster teilen

Diese Tastenkombination teilt ein Dokumentfenster. In einem geteilten Dokumentfenster können Sie in dem einen Teil unabhängig von dem anderen navigieren.

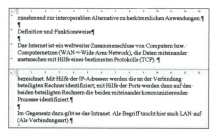

Teilung eines Dokuments aufheben ⌐Alt⌐ + ⌐⇧⌐ + ⌐C⌐

Dies hebt die Teilung eines Dokumentfensters wieder auf.

Suchen in Dokumenten ⌐Strg⌐ + ⌐F⌐

Damit öffnet sich der Navigationsbereich mit dem Suchfeld. Sie können hier anhand von Überschriften – sofern die Überschriften mit Formatvorlagen formatiert wurden – oder seitenweise durch ein Dokument blättern und nach Elementen im Text suchen, indem Sie im Suchfeld einen Suchbegriff eingeben und dann ⌐↵⌐

drücken. Die Fundstellen werden hervorgehoben.

Die Suche wiederholen ⌐Strg⌐ + ⌐Alt⌐ + ⌐Y⌐

Dies wiederholt einen Suchvorgang. Das Wort, nach dem Sie zuvor gesucht haben, wird markiert.

Suchen und Ersetzen ⌐Strg⌐ + ⌐H⌐

Damit öffnen Sie den Dialog SUCHEN UND ERSETZEN mit der Registerkarte ERSETZEN. Hier können Sie im Feld SUCHEN NACH einen im Dokument häufig auftauchenden Begriff eingeben und ihn durch den Begriff, den Sie im Feld ERSETZEN DURCH eingeben, ersetzen lassen.

Zur Registerkarte wechseln

`Strg` + `↹`

Diese Tastenkombination können Sie in einem geöffneten Dialogfeld anwenden. Sie wechseln damit zur nächsten Registerkarte im Dialog.

Ansicht Seitenlayout

`Strg` + `Alt` + `L`

Damit wechseln Sie in die Ansicht SEITENLAYOUT.

Ansicht Gliederung

`Strg` + `Alt` + `G`

Damit wechseln Sie in die GLIEDERUNGSANSICHT.

Ansicht Entwurf

`Strg` + `Alt` + `N`

Damit wechseln Sie in die Ansicht ENTWURF.

Baustein erstellen

`Alt` + `F3`

Wenn Sie ein Wort markiert haben, rufen Sie damit den Dialog NEUEN BAUSTEIN ERSTELLEN auf.

Fußnoten einfügen `Strg` + `Alt` + `F`

Mit dieser Tastenkombination fügen Sie ein Fußnotenzeichen ein und blenden den Fußnotenbereich ein. Hier können Sie den Text für eine Fußnote eingeben.

> **Flutung**
> Mit der Flutung der salzgefährdeten Anbaugebiete wird das Problem nach Westen verlagert. Bereits 1985 galt die Trinkwasserversorgung aus dem Grundwasser für Adelaite wegen des steigenden Salzanteils als gefährdet[1].
>
> _____
> [1] Siehe hierzu auch den Bericht des Instituts für Wasserwirtschaftaft

Endnotenzeichen einfügen `Strg` + `Alt` + `D`

Mit dieser Tastenkombination fügen Sie ein Endnotenzeichen – Endnoten erscheinen gesammelt am Ende eines Dokuments statt jeweils am Fuß einer Seite – ein und können im Endnotenbereich den Text eingeben.

Indexeintrag einfügen `Alt` + `⇧` + `X`

Damit rufen Sie den Dialog INDEXEINTRAG FESTLEGEN auf. Sofern Sie vorher ein Wort markiert haben, ist es bereits als Haupteintrag eingetragen.

Markieren in Dokumenten

Text zu markieren, bevor man ihn bearbeitet, gehört zu den täglichen Handgriffen bei der Arbeit mit Word. Keineswegs müssen Sie zum Markieren ständig zur Maus greifen. Mit bestimmten Tastenkombinationen haben Sie Textstellen im Nu markiert.

Markieren im Erweiterungsmodus   `F8`

Eine fast vergessene Möglichkeit zum Markieren: Drücken Sie einfach `F8`, um in den sogenannten Erweiterungsmodus zu gelangen. Nun können Sie mit den Pfeiltasten die nächsten Zeichen markieren. Mit `Esc` heben Sie den Erweiterungsmodus wieder auf. Im Zusammenhang mit `F8` gibt es weitere Markierungsmöglichkeiten:

$2 \times$ `F8`

Dies markiert ein Wort.

$3 \times$ `F8`

So markieren Sie einen Satz.

$4 \times$ `F8`

So markieren Sie den aktiven Absatz.

Das gesamte Dokument markieren   `Strg` + `A`

Diese bekannte Tastenkombination markiert den gesamten Text des geöffneten Dokuments.

Zeichen markieren   `⇧` + `←` oder `→`

Damit markieren Sie ein Zeichen links oder rechts des Cursors.

Bis Wortanfang oder Wortende markieren   `Strg` + `⇧` + `←` beziehungsweise `→`

Damit markieren Sie bis zum Wortanfang beziehungsweise Wortende.

Ab Cursorposition bis Anfang markieren `Strg` + `⇧` + `Pos1`

Wenn Sie diese Tastenkombination drücken, erweitern Sie die Markierung ab Cursorposition bis zum Anfang eines Dokuments.

Ab Cursorposition bis Ende markieren `Strg` + `⇧` + `Ende`

Mit dieser Tastenkombination erweitern Sie die Markierung ab Cursorposition bis zum Ende eines Dokuments.

Ab Cursorposition bis Absatzanfang markieren `Strg` + `⇧` + `↑`

Dies erweitert eine Markierung ab Cursorposition bis zum Anfang eines Absatzes.

Ab Cursorposition bis Absatzende markieren `Strg` + `⇧` + `↓`

Dies erweitert eine Markierung ab Cursorposition bis zum Ende eines Absatzes.

Ab Cursorposition eine Bildschirmseite nach oben markieren `⇧` + `Bild ↑`

Damit erweitern Sie eine Auswahl ab Cursorposition um eine Bildschirmseite nach oben.

Ab Cursorposition eine Bildschirmseite nach unten markieren `⇧` + `Bild ↓`

Damit erweitern Sie eine Auswahl ab Cursorposition um eine Bildschirmseite nach unten.

Eine Spalte markieren `Alt` + `⇧` + `Bild ⇧` oder `Bild ⇩`

Damit markieren Sie die Spalte einer Tabelle (mit den Pfeiltasten müssen Sie vorher zur ersten beziehungsweise letzten Zelle der Spalte gehen).

In Dokumenten navigieren

Sie sind es vermutlich gewohnt, zum Navigieren in einem Dokument einfach die Maus zu nutzen. Aber es gibt auch Tastenkombinationen, mit denen Sie den Cursor ruck, zuck an eine andere Stelle im Text setzen.

Cursor um ein Wort versetzen `Strg` + `←`
oder `→`

Sie bewegen den Cursor mit dieser Tastenkombination ein Wort nach links beziehungsweise nach rechts.

Cursor um einen Absatz versetzen `Strg` + `↑`
beziehungsweise `↓`

Damit setzen Sie den Cursor an den Anfang des Absatzes vor beziehungsweise hinter den aktuellen Absatz.

Zum Anfang navigieren `Strg` + `Pos1`

Toll zum Navigieren in längeren Dokumenten. Der Cursor springt an den Anfang des Dokuments.

Zum Ende navigieren `Strg` + `Ende`

Mit diesem Griff setzen Sie den Cursor an das Ende des Dokuments.

Zum Anfang der nächsten Seite navigieren [Strg] + [Bild ⇧]

Damit bewegen Sie den Cursor an den Anfang der nächsten Seite.

Zum Anfang der vorherigen Seite navigieren [Strg] + [Bild ⇩]

Damit bewegen Sie den Cursor an den Anfang der vorherigen Seite.

Zur letzten Bearbeitungsstelle gehen [⇧] + [F5]

Dies setzt den Cursor an die letzte Bearbeitungsstelle in einem Dokument. Auch nach dem Öffnen eines Dokuments gelangen Sie mit der Tastenkombination genau zu der Stelle, an der Sie vor dem Schließen gearbeitet haben.

Kopieren und Verschieben

Zur Bearbeitung eines Dokuments gehört auch immer wieder das Kopieren oder Verschieben von Textstellen. Hier noch mal die Tastenkombinationen, mit denen Sie markierte Textbereiche und Grafiken kopieren, ausschneiden und einfügen können.

Kopieren, Ausschneiden und Einfügen

Generell funktionieren auch in Word diese bekannten Tastenkombinationen: [Strg] + [C] zum Kopieren von zuvor markierten Textstellen oder ausgewählten Grafiken, [Strg] +

⌧ zum Ausschneiden und ⌃ + Ⅴ zum Einfügen des letzten Eintrags aus der Zwischenablage, wo kopierte oder ausgeschnittene Elemente landen.

Eine Auswahl verschieben

Dies ist eine eher unbekannte Kombination, die aber gut funktioniert: Sie markieren die Textstelle oder Grafik, bewegen den Cursor mit einer der Pfeiltasten zum gewünschten Einfügeort und drücken ⏎. Voilà, die Auswahl befindet sich an Ort und Stelle. Um die Auswahl nicht zu verschieben, sondern zu kopieren, drücken Sie ⇧ + F2.

Inhalte einfügen

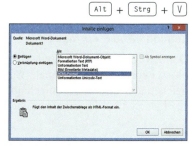

Damit rufen Sie den Dialog INHALTE EINFÜGEN auf. Hier können Sie den Dateityp zum Einfügen auswählen, und festlegen, ob Sie einfügen oder verknüpfen möchten. Bei einer Verknüpfung werden Änderungen an der Quelle auf die eingefügte Textstelle beziehungsweise Grafik übertragen.

Formatierung und Überarbeitung eines Dokuments

Es gibt kaum ein Dokument, das Sie nicht auf irgendeine Art formatieren. Auch hierfür muss es nicht immer Maus sein! Mit wenigen Handgriffen können Sie die wichtigsten Formatierungen erledigen.

Formatierungszeichen anzeigen

Mit dieser Tastenkombination lassen Sie die nicht druckbaren Zeichen (Formatierungszeichen) wie Absatzmarken, Leerstellen, Tabstoppzeichen et cetera anzeigen beziehungsweise blenden sie wieder aus. Unser Tipp: Lassen Sie sie immer anzeigen, nur so erkennen Sie wirklich die Formatierungselemente in Ihrem Dokument.

Zeilenumbruch einfügen

Damit fügen Sie einen Zeilenumbruch ein, ohne dass Sie einen neuen Absatz beginnen. Wenn Sie die Formatierungszeichen anzeigen lassen, erscheint ein nach links geknickter Pfeil als Symbol für eine »weiche Absatzmarke«.

Seitenumbruch einfügen

Hiermit fügen Sie an der Cursorposition einen Seitenumbruch in das Dokument ein.

Fett-Formatierung

Dies formatiert die Auswahl fett.

Kursiv-Formatierung `Strg` + `⇧` + `K`

Dies formatiert die Auswahl kursiv.

Unterstreichung `Strg` + `⇧` + `U`

Dies unterstreicht die Auswahl.

Doppelte Unterstreichung `Strg` + `⇧` + `D`

Damit unterstreichen Sie die Auswahl mit einer doppelten Linie.

Nur Wörter unterstreichen `Strg` + `⇧` + `W`

Damit unterstreichen Sie nur die Wörter der Auswahl.

> Klicken·Sie·im·Dialog·unterhalb·der·Befehlsliste·auf·die· Schaltfläche·Anpassen.¶

Schriftgrad verringern `Strg` + `<`

Damit wird die Schriftgröße (der Schriftgrad) um einen Wert verringert.

Schriftgrad vergrößern `Strg` + `⇧` + `<`

Damit wird die Schriftgröße (der Schriftgrad) um einen Wert erhöht.

Schriftgrad um einen Punkt verringern `Strg` + `8`

Der Schriftgrad wird um einen Punkt (Pt) verringert, also zum Beispiel von Schriftgrad 11 auf Schriftgrad 10.

> Heute·ist·ein·schöner·Tag.¶
>
> Heute·ist·ein·schöner·Tag.¶

Schriftgrad um einen Punkt erhöhen `Strg` + `9`

Der Schriftgrad wird um einen Punkt (Pt) erhöht.

Formatierung löschen `Strg` + `Leertaste`

Diese Tastenkombination entspricht dem Symbol ALLE FORMATIERUNGEN LÖSCHEN. Die Tastenkombination wirkt sich ohne Markierung auf das Wort aus, in dem der Cursor steht. Wenn Sie die Formatierung eines ganzen Absatzes loswerden möchten, müssen Sie den Text zuvor markieren.

Zwischen Groß- und Kleinschreibung wechseln `⇧` + `F3`

Damit ändern Sie die Großschreibung oder Kleinschreibung eines Buchstabens: Ein kleiner Buchstabe wird zum Großbuchstaben und umgekehrt.

Dialog »Schriftart« aufrufen `Strg` + `D`

Mit dieser Tastenkombination rufen Sie den Dialog SCHRIFTART auf, den Sie ansonsten durch Klick auf den kleinen Pfeil an der Gruppe SCHRIFTART auf der Registerkarte START öffnen.

Zeichenformatierung löschen   `Strg` + `⇧` + `Z`

Damit können Sie alle Zeichenformatierungen wieder entfernen, entweder nur für das Wort, in dem der Cursor steht, oder für einen markierten Bereich.

Einfacher Zeilenabstand   `Strg` + `1`

Damit stellen Sie einen einfachen Zeilenabstand ein.

Doppelter Zeilenabstand   `Strg` + `2`

Damit stellen Sie einen doppelten Zeilenabstand ein.

Linksbündige Ausrichtung   `Strg` + `L`

Mit dieser Tastenkombination richten Sie den aktiven Absatz linksbündig aus.

Zentrierte Ausrichtung   `Strg` + `E`

Mit dieser Tastenkombination richten Sie den aktiven Absatz zentriert aus.

Rechtsbündige Ausrichtung   `Strg` + `R`

Mit dieser Tastenkombination richten Sie den aktiven Absatz rechtsbündig aus.

Blocksatz   `Strg` + `B`

Mit dieser Tastenkombination richten Sie den aktiven Absatz im Blocksatz aus.

Einzug festlegen   `Strg` + `M`

Dies zieht den aktiven Absatz um 1,25 cm ein (Standardeinzug links).

Einzug verringern `Strg` + `⇧` + `M`

Dies verringert den Standardeinzug um 1,25 cm.

Hängender Einzug `Strg` + `T`

Damit stellen Sie einen hängenden Einzug um 1,25 cm (Standardeinstellung) ein.

Formatierung übertragen `Strg` + `⇧` + `C`
und `Strg` + `⇧` + `V`

Damit können Sie blitzschnell eine Formatierung übertragen: Setzen Sie den Cursor zunächst in den Text mit der Formatierung, die Sie übertragen möchten und drücken Sie `Strg` + `⇧` + `C`. Dann setzen Sie den Cursor in das Wort, das die Formatierung erhalten soll, und drücken `Strg` + `⇧` + `V`. Dies können Sie wiederholen, so oft Sie lustig sind.

Formatvorlage Standard zuweisen `Strg` + `⇧` + `N`

Damit weisen Sie die Formatvorlage STANDARD zu.

Formatvorlage Überschrift 1 zuweisen `Alt` + `1`

Damit weisen Sie dem aktiven Absatz die Formatvorlage ÜBERSCHRIFT 1 zu.

Formatvorlage Überschrift 2 zuweisen `Alt` + `2`

Damit weisen Sie dem aktiven Absatz die Formatvorlage ÜBERSCHRIFT 2 zu.

Formatvorlage Überschrift 3 zuweisen `Alt` + `3`

Damit weisen Sie dem aktiven Absatz die Formatvorlage ÜBERSCHRIFT 3 zu.

Kommentar einfügen `Strg` + `Alt` + `K`

Sie öffnen damit den Bereich zum Einfügen eines Kommentars.

Überarbeitungsmodus aktivieren `Strg` + `⇧` + `E`

Damit wechseln Sie in den Überarbeitungsmodus, in dem Sie alle Änderungen (Streichungen, Ergänzungen et cetera) sichtbar machen. Mit derselben Tastenkombination verlassen Sie den Überarbeitungsmodus.

> Heute ist ein sehr schöner Tag.
> Wir gehen in den GartenPark.

Einfügen von Zeichen und Sonderzeichen

Sie können alle möglichen Zeichen und Sonderzeichen über den Dialog SYMBOL einfügen, aber für eine Reihe von Zeichen funktionieren auch Tastenkombinationen.

Bedingter Trennstrich `Strg` + `-`

Damit setzen Sie einen bedingten Trennstrich. Dies heißt, dass Word das Wort trennen wird, sofern es durch Textänderung an den rechten Rand rutscht und genügend Platz vorhanden ist. Bedingte Trennstriche sind nicht druckbare Zeichen, sie sind also im Text zu sehen (sofern Sie die Formatierungszeichen eingeblendet haben), nicht aber im Ausdruck.

Geschützter Trennstrich `Strg` + `⇧` + `-`

Damit fügen Sie einen geschützten Trennstrich ein, der dafür sorgt, dass vor oder hinter dem Trennstrich kein Zeilenumbruch erfolgt.

Geschütztes Leerzeichen `Strg` + `⇧` + `Leertaste`

Damit fügen Sie ein geschütztes Leerzeichen ein, das verhindert, dass vor oder hinter diesem Leerzeichen ein Zeilenumbruch erfolgt. Sie nutzen geschützte Leerzeichen zum Beispiel für Zahlen mit einer Maßeinheit, etwa 100 km; damit wird dann verhindert, dass »100« in der einen Zeile steht und »km« in der nächsten. Sie erkennen ein geschütztes Leerzeichen an einem kleinen Kreis.

Copyright-Symbol `Strg` + `Alt` + `C`

Dies fügt das Copyright-Symbol ein. In der Regel erhalten Sie dieses Zeichen übrigens auch durch die Eingabe von Klammer auf (`⇧` + `8`), `C`, Klammer zu (`⇧` + `9`). Diese Eingabe wandelt die Autokorrektur um in ©.

Eingetragene Marke `Strg` + `Alt` + `R`

Dies fügt das Symbol für eine eingetragene Marke ein. In der Regel erhalten Sie dieses Zeichen auch durch die Eingabe von Klammer auf (`⇧` + `8`), `R`, Klammer zu (`⇧` + `9`). Diese Eingabe wandelt die Autokorrektur um in ®.

Trademark-Zeichen `Strg` + `Alt` + `T`

Dies fügt das Symbol ™ ein, tm steht für »trademark«.

Die Kennzeichnung mit dem Trademark-Zeichen stammt aus den USA. Dort werden damit Produkte gekennzeichnet, die als Marke angemeldet, aber noch nicht ins amtliche Register eingetragen sind. Auch hierzulande erfreut sich das TM-Zeichen immer größer werdender Beliebtheit.

Auslassungspunkte   `Strg` + `Alt` + `.`

Damit fügen Sie drei Auslassungspunkte ein. So eingefügte Auslassungspunkte sind übrigens ein gemeinsames Satzzeichen, nicht einfach drei Punkte!

Geviertstrich   `Strg` + `Alt` + `-` (im Nummernblock)

Dies fügt einen sogenannten Geviertstrich oder auch Gedankenstrich genannt, also einen langen Bindestrich, ein.

Arbeiten in Tabellen

Auch für die Arbeit mit Tabellen gibt es einige Tasten und Tastenkombinationen, die Ihnen das Leben leichter machen.

Zeile hinzufügen

Damit ergänzen Sie eine Tabelle um eine weitere Zeile. Der Cursor muss in der letzten Zelle der letzten Zeile stehen. Im Nu erzeugen Sie dann mit `↹` eine weitere Zeile.

Gesamte Tabelle markieren   `Alt` + `5`
(aus dem Nummernblock)

Damit markieren Sie die ganze Tabelle in einem Rutsch. Achten Sie darauf, dass der Nummernblock eingeschaltet ist.

Zellen markieren   `⇧` + `↓`
oder `→`

Die aktive Zelle wird markiert. Halten Sie `⇧` gedrückt, um weitere Zellen zu markieren.

Spalten markieren `Alt` + `⇧` + `Bild ⇧`
beziehungsweise `Bild ⇩`

Damit markieren Sie die Spalte einer Tabelle (mit den Pfeiltasten müssen Sie vorher zur ersten beziehungsweise letzten Zelle der Spalte gehen).

Erweiterungsmodus für Tabellen `Strg` + `⇧` + `F8`

Damit aktivieren Sie den Erweiterungsmodus zum Markieren. Mit den Pfeiltasten markieren Sie dann die Zeilen beziehungsweise Spalten.

Tabstopp in Tabellen `Strg` + `⇥`

Damit setzen Sie einen Standard-Tabstopp innerhalb einer Zelle.

Cursor versetzen `⇧` + `⇥`

So setzen Sie den Cursor in die Zelle vor der aktiven Zelle.

Umgang mit Feldern

Felder werden in Microsoft Word als Platzhalter für sich ändernde Daten in einem Dokument oder zum Erstellen von Serienbriefen und Etiketten in Seriendruckdokumenten verwendet.

Im Prinzip besteht in den Programmen des Office-Pakets selten der Bedarf, Felder manuell einzugeben, da integrierte Befehle und Inhaltssteuerelemente die meisten Funktionen bereitstellen. Aber es gibt ein paar Tastenkombinationen, die im Zusammenhang mit Feldfunktionen praktisch sind.

Leeres Feld `Strg` + `F9`

Dies fügt ein leeres Feld ein.

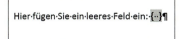

Wechsel zwischen Feldfunktion und Ergebnis `Strg` + `F9`

Mit dieser Tastenkombination wechseln Sie zwischen einer ausgewählten Feldfunktion und dem Ergebnis.

Felder aktualisieren `F9`

Damit sorgen Sie für die Aktualisierung von Feldern.

Feldverknüpfung aufheben `Strg` + `⇧` + `F9`

Damit heben Sie eine Feldverknüpfung auf.

Felder sperren `Strg` + `F11`

Damit wird ein Feld gesperrt.

Feldsperrung aufheben `Strg` + `⇧` + `F11`

So heben Sie die Sperrung eines Feldes wieder auf.

Feld DATE `Alt` + `⇧` + `D`

Hiermit fügen Sie das Feld DATE ein.

Feld TIME

`Alt` + `⇧` + `T`

Hiermit fügen Sie das Feld TIME ein.

Feld PAGE

`Alt` + `⇧` + `P`

Hiermit fügen Sie das Feld PAGE ein.

Felder im Seriendruck

Hier nun ein paar Tastenkombinationen, die speziell für den Seriendruck einzusetzen sind.

Seriendruck-Vorschau aufrufen

`Strg` + `⇧` + `K`

Dies ruft im Seriendruck die Seriendruck-Vorschau auf.

Serienbriefe zusammenführen

`Strg` + `⇧` + `N`

Damit führen Sie das Hauptdokument und die Quelldatei zusammen, sodass die »fertigen« Serienbriefe erzeugt werden.

Serienbriefe drucken

`Strg` + `⇧` + `M`

Damit drucken Sie die zusammengeführten Dokumente.

Seriendruckfeld einfügen

`Strg` + `⇧` + `F`

Damit fügen Sie ein Seriendruckfeld ein.

Tastenkombinationen in Excel 5

In diesem Kapitel sind Tastenkombinationen versammelt, die Sie in Excel einsetzen können. Es sind tolle Griffe dabei, mit denen Sie Ihre Arbeit mit Excel deutlich effektiver machen können.

Allgemeine Tastenkombinationen

Zunächst stellen wir allgemeine Tastenkombinationen vor. Auch hier ist es wieder so, dass sich Überschneidungen nicht vermeiden lassen. Viele Griffe funktionieren übergreifend in den Office-Programmen. Dennoch listen wir auch diese Tastenkombinationen hier nochmals auf, damit Sie nicht in den Kapiteln hin und her springen müssen, wenn Sie eine bestimmte Tastenkombination suchen.

In die Zelle A1 springen — [Strg] + [Pos1]

Dies funktioniert ähnlich wie in Word, nur dass Sie bei Excel mit dieser Tastenkombination sofort ganz nach oben in die Zelle A1 gelangen.

Zur nächsten Leerzeile oder Leerspalte springen — [Strg] + [→]

Praktisch zum Navigieren: Halten Sie die [Strg]-Taste gedrückt und drücken Sie dann gleichzeitig eine der vier Pfeiltasten. In einer durchgängigen Tabelle springen Sie auf diese Weise direkt bis zum Ende der Spalte oder Zeile, ansonsten springen Sie damit bis zur nächsten Leerzeile beziehungsweise Leerspalte.

Wechseln zwischen Tabellenblättern `Strg` + `Bild ⇧` oder `Bild ⇩`

Mit dieser Tastenkombination wechseln Sie zwischen Tabellenblättern, die ja immer zu einer Excel-Mappe gehören.

Ein neues Tabellenblatt einblenden `⇧` + `F11`

Damit blenden Sie ein neues Tabellenblatt im Blattregister ein.

Zur nächsten geöffneten Arbeitsmappe wechseln `Strg` + `↹`

Damit wechseln Sie zur nächsten geöffneten Arbeitsmappe in einer Excel-Datei.

Neue leere Arbeitsmappe öffnen `Strg` + `N`

Damit öffnen Sie eine neue, leere Arbeitsmappe.

Öffnen des Backstage-Bereich mit dem Menüpunkt Öffnen `Strg` + `O`

Dies öffnet den Backstage-Bereich mit dem Menüpunkt ÖFFNEN.

Direkt in den Dialog Öffnen springen

Mit dieser Tastenkombination gelangen Sie direkt in den Dialog ÖFFNEN.

Schließen und speichern einer Arbeitsmappe `Strg` + `W`

Damit schließen Sie eine Arbeitsmappe. Zuvor werden Sie in einem Dialog gefragt, ob Sie Änderungen an der Mappe speichern möchten.

Speichert die geöffnete Arbeitsmappe

Damit speichern Sie Änderungen. Wenn die geöffnete Arbeitsmappe noch nicht gespeichert ist, wird damit der Backstage-Bereich mit dem Punkt SPEICHERN UNTER geöffnet.

»Speichern Unter« aufrufen `F12`

Hiermit rufen Sie direkt den Dialog SPEICHERN UNTER auf. Mit `Alt` + `F2` bewirken Sie dasselbe.

Druckdialog aufrufen `Strg` + `P`

Dies ruft auch in Excel den Druckdialog auf.

»Suchen und Ersetzen«-Dialog mit Register »Suchen« aufrufen `Strg` + `F`

Damit öffnen Sie das Dialogfeld SUCHEN UND ERSETZEN mit der Registerkarte SUCHEN. Hier können Sie im Feld SUCHEN NACH eine Zahl oder einen Text eingeben. Um die Suche zu konkretisieren, öffnen Sie die OPTIONEN (und `O`).

»Suchen und Ersetzen«-Dialog mit Register »Ersetzen« aufrufen `Strg` + `H`

Damit öffnen Sie den Dialog SUCHEN UND ERSETZEN mit der Registerkarte ERSETZEN. Hier können Sie im Feld SUCHEN NACH einen in der Arbeitsmappe häufig auftauchenden Begriff oder eine Zahl eingeben und durch die Eingabe im Feld ERSETZEN DURCH ersetzen lassen. Dies funktioniert naturgemäß nicht mit Ergebnissen von Formeln oder Funktionen. Sie können nur ersetzen lassen, was Sie eingetippt haben.

»Gehe Zu« öffnen `Strg` + `G`

Mit dieser Tastenkombination wird das Dialogfeld GEHE ZU angezeigt. Hierüber können Sie blitzschnell zu einer bestimmten Zeile, Spalte, zu Kommentaren oder anderen Inhalten im Blatt springen.

»Link einfügen« öffnen

Damit öffnet sich der Dialog LINK EINFÜGEN, wo Sie das Ziel des Hyperlinks definieren.

Dialog »Tabelle erstellen« öffnen

Dies zeigt das Dialogfeld TABELLE ERSTELLEN an (genau wie Strg + T).

Hiermit wandeln Sie den ausgewählten Bereich in eine regelrechte Tabelle mit Filtermöglichkeiten um.

Miete	Anzahl
100	1
200	2
300	3
400	4
500	5
600	6
700	7
800	8

Kommentar in die aktive Zelle einfügen ⇧ + F2

Dies fügt an der aktiven Zelle einen Kommentar ein.

Diagramm mit markierten Daten erstellen Alt + F1

Dies erstellt ein Diagramm aus den markierten Daten.

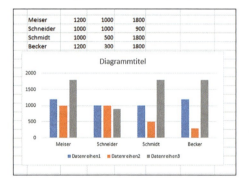

Vorhandene Makros aufrufen Alt + F8

Dies ruft den Dialog auf, in dem vorhandene Makros aufgelistet werden.

Leeres Diagrammblatt öffnen F11

Dies öffnet ein neues leeres Diagrammblatt und die Diagrammtools mit den Registerkarten Entwurf und Format.

VBA-Editor aufrufen `Alt` + `F11`

Dies ruft den VBA-Editor auf.

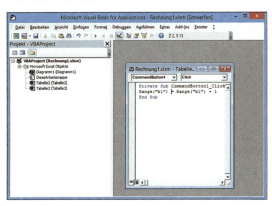

Zellen, Zeilen und Spalten

In diesem Abschnitt stellen wir Tastenkombinationen vor, die sich auf den Umgang mit Zellen, Zeilen und Spalten beziehen.

Cursor in die aktive Zelle setzen `F2`

Damit setzen Sie den Cursor in die aktive Zelle, sodass Sie Änderungen vornehmen können.

Beim aktiven Cursor eine neue Zeile erstellen `Alt` + `↵`

Damit beginnen Sie eine neue Zeile in einer Zelle, wichtig ist, dass der Cursor in der Zelle steht.

Dialog zum Zeile oder Spalte löschen öffnen `Strg` + `-`

Dies öffnet den Dialog LÖSCHEN, in dem Sie entscheiden können, ob Sie eine Zeile oder eine Spalte löschen möchten. Gelöscht wird dann die Zeile oder Spalte, in der sich die aktivierte Zelle befindet.

Dialog zum Zeile- oder Spalte-Einfügen öffnen `Strg` + `+`

Damit öffnen Sie den kleinen Dialog ZELLEN EINFÜGEN, in dem Sie entscheiden, ob Sie eine Spalte oder Zeile einfügen möchten.

Spalte ausblenden `Strg` + `8`
Dies blendet eine Spalte aus.

Zeile ausblenden `Strg` + `9`
So blenden Sie eine Zeile aus.

Ausgeblendete Spalte wieder einblenden `Strg` + `(`
So blenden Sie eine ausgeblendete Spalte wieder ein

Ausgeblendete Zeile wieder einblenden `Strg` + `)`
So blenden Sie eine ausgeblendete Zeile wieder ein.

Markieren, Kopieren und Verschieben

Auch hier muss es nicht immer Maus sein: Sie können mit Tastenkombinationen Bereiche markieren, kopieren oder verschieben.

Aktuellen Bereich markieren [Strg] + [A]

Wenn sich die aktivierte Zelle innerhalb eines Datenbereichs befindet, wird mit [Strg] + [A] der aktuelle Bereich markiert, wobei es keine Rolle spielt, welche Zelle aktiviert ist. Erst wenn [Strg] + [A] ein zweites Mal gedrückt wird, wird das gesamte Arbeitsblatt markiert.

Gesamtes Arbeitsblatt markieren [Strg] + [⇧] + [ ]

Damit markieren Sie in einem Rutsch das gesamte Arbeitsblatt.

Komplette Spalte markieren [Strg] + [ ]

Dies markiert die komplette Spalte eines Arbeitsblatts.

Komplette Zeile markieren [⇧] + [ ]

Dies markiert die komplette Zeile eines Arbeitsblatts.

Von der aktiven Zelle bis zum Anfang des Tabellenblatts markieren [Strg] + [⇧] + [Pos1]

Dies erweitert eine Markierung ab der aktiven Zelle bis zum Anfang des Tabellenblatts.

Von der aktiven Zelle bis zum Ende der letzten verwendeten Zelle markieren

Dies erweitert eine Markierung ab aktiver Zelle bis zum Ende der letzten verwendeten Zelle.

Spalte mit Inhalt ab der aktiven Zelle markieren

Mit dieser Tastenkombination markieren Sie die Spalte mit Zellinhalt ab der aktivierten Zelle.

Miete	Anzahl
100	1
200	2
300	3
400	4
500	5
600	6
700	7
800	8

Zeile mit Inhalt ab der aktiven Zelle markieren

Mit dieser Tastenkombination markieren Sie die Zeile mit Zellinhalt ab der aktivierten Zelle.

Zellen markieren, deren Inhalt sich von der Vergleichszelle unterscheidet

Dies markiert Zellen in allen Zeilen, deren Inhalt sich von dem der Vergleichszelle unterscheidet. Die Vergleichszelle befindet sich in jeder Zeile in derselben Spalte wie die aktive Zelle.

Markiert alle Zellen mit angehängten Kommentar `Strg` + `⇧` + `O`

Dies markiert mit einem Rutsch alle Zellen mit einem angehängten Kommentar.

Eingefügte Objekte ein- oder ausblenden `Strg` + `6`

Damit blenden Sie eingefügte Objekte ein oder aus.

Kopiert den Inhalt einer Zelle in die Zelle rechts daneben `Strg` + `R`

Damit aktivieren Sie den Befehl RECHTS AUSFÜLLEN, um den Inhalt und das Format einer Zelle in die Zellen rechts daneben zu kopieren. Denken Sie daran, die zu kopierende Zelle und die Zellen zum Ausfüllen zuvor zu markieren.

Kopiert den Inhalt einer Zelle in die Zelle darunter `Strg` + `U`

Damit aktivieren Sie den Befehl UNTEN AUSFÜLLEN, um den Inhalt und das Format der oberen Zelle in die Zellen darunter zu kopieren. Ansonsten gehen Sie vor wie bei `Strg` + `R`.

Markierte Zellen kopieren oder ausschneiden und an andererStelle einfügen `Strg` + `C`, `Strg` + `X`, `Strg` + `V`

Wie in allen anderen Office-Programmen und Windows können Sie auch in Excel diese Tastenkombinationen dazu nutzen, markierte Zellen zu kopieren, auszuschneiden und an anderer Stelle einzufügen.

Blitzvorschau aktivieren

Diese sogenannte Blitzvorschau gibt es erst mit Excel 2013. Excel erkennt ein Muster und füllt die Spalten entsprechend aus. Dazu ein Beispiel: In einer Spalte stehen Nachname und Vorname zusammen in einer Zelle, aber für eine Auswertung oder Sortierung brauchen Sie den Namen und den Vornamen in getrennten Zellen. Nun können Sie die Blitzvorschau einsetzen. Schreiben Sie den Namen und den Vornamen in getrennte Zellen nebeneinander und dann können Sie in der Zelle darunter die Blitzvorschau verwenden. Drücken Sie dann jeweils für Vorname und Nachname in der jeweiligen Zelle die Tastenkombination und Excel füllt die Zellen entsprechend aus.

	Max Mustermann	Max	Mustermann
	Susi Sorglos	Susi	
	Erika Muster	Erika	

Zeichenformatierung und Zahlenformate

Mit der Zeichenformatierung formatieren Sie Zeichen und oder Zahlen mit den üblichen Formatierungseigenschaften wie Fett, Kursiv et cetera. Zahlenformate sind speziell für Zahlen gedacht, sie dienen zum Teil nur der optischen Darstellung, manche Formate beinhalten aber auch eine bestimmte Berechnung; das Prozentformat zum Beispiel multipliziert den Zellinhalt mit Hundert.

Dialog »Zellen formatieren« öffnen `Strg` + `⇧` + `A`

Dies öffnet den Dialog ZELLEN FORMATIEREN, wo Sie auf den verschiedenen Registerkarten Zahlen und Text formatieren, die Ausrichtung bestimmen, Rahmenlinien setzen und Zellen eine Hintergrundfarbe beziehungsweise ein Muster zuweisen können.

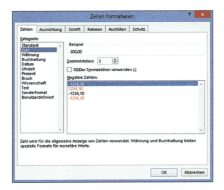

Dialog »Zellen formatieren« mit der Registerkarte »Zahlen« öffnen `Strg` + `1`

Auch dies öffnet den Dialog ZELLEN FORMATIEREN, und zwar direkt mit der Registerkarte ZAHLEN.

Formatierung Fett ein- oder ausschalten `Strg` + `2`

Damit schalten Sie die Fett-Formatierung ein oder aus.

Alternative, um die Formatierung Fett ein- oder auszuschalten `Strg` + `⇧` + `F`

Auch damit schalten Sie die Fett-Formatierung ein oder aus.

Formatierung Kursiv ein- oder ausschalten `Strg` + `3`

Damit schalten Sie die Formatierung KURSIV ein oder aus.

Alternative, um die Formatierung Kursiv ein- oder auszuschalten `Strg` + `⇧` + `K`

Auch dies schaltet die Formatierung KURSIV ein oder aus.

Formatierung Unterstreichen ein- oder ausschalten `Strg` + `4`

Dies schaltet die Unterstreichung ein oder aus.

Zellinhalt durchstreichen oder wieder aufheben `Strg` + `5`

Damit können Sie den Zellinhalt durchstreichen beziehungsweise die Formatierung DURCHGESTRICHEN wieder aufheben.

Miete
100
200
~~300~~
~~400~~

Rahmen um markierten Zellbereich setzen `Strg` + `⇧` + `_`

Dies setzt einen Rahmen um einen markierten Zellbereich.

Vertikale Linien in einen markierten Zellbereich setzen `Strg` + `⇧` + `<`

Damit setzen Sie vertikale Linien in einem markierten Zellbereich; der Zellbereich muss zuvor allerdings einen Außenrahmen besitzen. Aber Vorsicht: Das geht nur zur Formatierung eines leeren Zellbereichs, da alle Werte geändert (gelöscht) werden.

Horizontale Linien in einen markierten Zellbereich setzen `Strg` + `-`

Damit setzen Sie horizontale Linien in einem markierten Zellbereich; der Zellbereich muss zuvor allerdings einen Außenbereich besitzen. Aber Vorsicht: Auch das geht nur zur Formatierung eines leeren Zellbereichs, da alle Werte geändert (teils gelöscht) werden.

Zahlenformate

In diesem Abschnitt listen wir einige Tastenkombinationen auf, mit denen Sie blitzschnell Zahlenformate zuweisen können.

Zelle Zahlenformat Standard zuweisen `Strg` + `⇧` + `6`

Dies weist einer Zelle das Zahlenformat STANDARD zu.

Zelle Zahlenformat mit 2 Dezimalstellen und Tausender-Trennzeichen zuweisen `Strg` + `⇧` + `1`

Damit weisen Sie das Zahlenformat ZAHL mit zwei Dezimalstellen und Tausender-Trennzeichen zu: 1.000,99.

Zelle Zahlenformat Währung mit 2 Dezimalstellen zuweisen `Strg` + `⇧` + `4`

Damit weisen Sie Zellen das Format WÄHRUNG mit zwei Dezimalstellen zu.

Zelle Zahlenformat Prozent zuweisen ⌈Strg⌉ + ⌈⇧⌉ + ⌈5⌉

Dies weist einer Zelle das Prozentformat ohne Dezimalstellen zu. Denken Sie daran, dass der Wert der Zelle mit dieser Formatierung mit 100 multipliziert wird.

Zelle Zahlenformat Wissenschaft zuweisen ⌈Strg⌉ + ⌈⇧⌉ + ⌈2⌉

Damit weisen Sie das Format WISSENSCHAFT zu.

Zelle Zahlenformat Uhrzeit zuweisen ⌈Strg⌉ + ⌈°⌉

Damit weisen Sie das Zeitformat mit Stunde und Minute zu.

Treffen:	14:30

Ausgewählte Zelle mit Datum formatieren ⌈Strg⌉ + ⌈#⌉

Eine ausgewählte Zelle mit einer Zahl wird mit dieser Tastenkombination als Datum formatiert. Bis Excel 2010 wurden hiermit die Formeln statt Ergebnisse angezeigt, dies ist nicht mehr der Fall.

Umgang mit Formeln

Formeln sind das A und O bei Excel.

Ausgewählte Zelle mit aktuellen Datum formatieren ⌈Strg⌉ + ⌈.⌉

Damit geben Sie das aktuelle Datum ein.

Ausgewählte Zelle mit aktueller Uhrzeit formatieren

`Strg` + `⇧` + `.`

Damit geben Sie die aktuelle Uhrzeit mit Stunden und Minuten ein.

Formeln anzeigen lassen

`Alt` + `M` + `F`

Damit können Sie ab Excel 2013 Formeln statt Ergebnisse anzeigen lassen.

24	12	=D18*E18
20	55	=D19*E19
=SUMME(D18:D19)	=SUMME(E18:E19)	

Summenfunktion einfügen

`⇧` + `Alt` + `=`
oder `Alt` + `⇧` + `0`

Dies fügt die Summenfunktion ein.

Meiser	1200	1000	1800	=SUMME(F12:H12)
Schneider	1000	1000	900	SUMME(Zahl1; [Zahl2]; ...)
Schmidt	1000	500	1800	
Becker	1200	300	1800	

Funktionsargumente anzeigen

`Strg` + `A`

Damit wird, sofern zuvor ein Funktionsname eingegeben wurde, der Dialog FUNKTIONSARGUMENTE angezeigt.

Dialog »Formel Auswerten« ein- oder ausblenden

`Alt` + `M` + `O` (Buchstabe)

Dies ruft – ab Office 2013 – den Dialog FORMEL AUSWERTEN auf, in dem Sie sich eine Formel in Einzelschritten anzeigen lassen können. In früheren Versionen werden damit Formeln statt Ergebnisse angezeigt. Mit derselben Tastenkombination machen Sie die Anzeige der Formeln rückgängig.

Zwischen relativen und absoluten Bezügen bei der Formeleingabe hin und her wechseln `F4`

Damit können Sie bei der Formeleingabe zwischen relativen und absoluten Bezügen hin und her wechseln.

Gesamte Arbeitsmappe neu berechnen `F9`

Damit wird die gesamte Arbeitsmappe neu berechnet.

Aktuelles Arbeitsblatt neu berechnen `⇧` + `F9`

Damit wird das aktuelle Arbeitsblatt neu berechnet

Tastenkombinationen für Outlook   6

Auch für Outlook gibt es viele Tastenkombinationen, um Ihnen den Umgang mit den verschiedenen Modulen (Posteingang, Kontakte, Kalender et cetera) zu erleichtern.

Allgemeine Tastenkombinationen

Um bestimmte Module in Outlook aufzurufen oder Outlook zum Beispiel zu beenden, sind nachfolgende Tastenkombinationen sehr hilfreich.

Aus beliebiger Ansicht in E-Mail-Ansicht wechseln — Strg + 1

Um aus irgendeiner anderen Ansicht in die E-Mail-Ansicht zu gelangen, benutzen Sie diese Tastenkombination.

Kalender-Ansicht aktivieren — Strg + 2

Hiermit aktivieren Sie die Kalender-Ansicht.

Kontakte-Ansicht aktivieren — Strg + 3

Um in das Modul KONTAKTE zu wechseln, drücken Sie diese Kombination.

Aufgaben-Ansicht aktivieren — Strg + 4

Dieser Griff zeigt ruck, zuck die Aufgaben an.

Notizen anzeigen — Strg + 5

Wenn Sie sich Ihre Notizen anzeigen lassen wollen, ist diese Tastenkombination dafür da.

Ordnerliste anzeigen

Die Ordnerliste können Sie sich mit diesem Griff anzeigen lassen.

Verknüpfungen anzeigen

Die Verknüpfungen können Sie sich mit dieser Kombination anzeigen lassen.

Journal anzeigen `Strg` + `8`

Das Journal wird mit dieser Tastenkombination angezeigt.

Suche öffnen `Strg` + `E`

Hiermit öffnen Sie das SUCHEN-Fenster. Dort können Sie nach einer E-Mail-Nachricht oder anderen Elementen suchen lassen.

Outlook beenden

Möchten Sie nach Beendigung Ihrer Arbeit Outlook schließen, benutzen Sie diese Tastenkombination.

Tastenkombinationen für E-Mails

Aufgaben, die beim täglichen Umgang mit E-Mails anfallen, können Sie mit den hier vorgestellten Tastenkombinationen flott erledigen.

Neue E-Mail Strg + N

Um aus der E-Mail-Ansicht ein Fenster für eine neue E-Mail zu öffnen, benutzen Sie diese Kombination.

Das Nachrichtenfenster öffnen Strg + ⇧ + M

Um aus einer beliebigen Outlook-Ansicht das Fenster für eine neue E-Mail-Nachricht zu öffnen, ist diese Kombination die richtige.

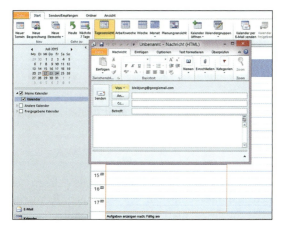

E-Mail senden `Alt` + `S`

Mit dieser Kombination versenden Sie die gerade geschriebene Mail.

Auf E-Mail antworten `Strg` + `R`

Auf eine ausgewählte E-Mail können Sie ruck, zuck mit dieser Kombination antworten. Sie öffnen damit das Nachrichtenfenster, in dem die Empfänger-Adresse bereits eingetragen ist.

E-Mail weiterleiten `Strg` + `F`

Damit leiten Sie eine Nachricht an einen anderen Empfänger weiter.

Nachricht öffnen `Strg` + `O`

Hiermit öffnen Sie eine empfangene Nachricht.

Nachricht löschen `Strg` + `D`

Wenn Sie eine markierte Mail löschen wollen, können Sie diese Kombination nutzen. Die Mail landet im Ordner GELÖSCHTE OBJEKTE.

Nachricht als ungelesen markieren `Strg` + `U`

Möchten Sie eine schon geöffnete und als gelesen gekennzeichnete Mail (also eine Mail, die nicht mehr fett dargestellt wird) als ungelesen markieren, dann benutzen Sie diesen Griff.

Nachricht drucken   `Strg` + `P`

Wenn Sie die geöffnete beziehungsweise markierte E-Mail drucken möchten, dann ist diese Kombination die richtige.

Nachricht senden   `Strg` + `↵`

Das Senden einer Mail funktioniert mit diesem Griff.

In den Posteingang wechseln   `Strg` + `⇧` + `I`

Falls Sie sich in einem anderen Ordner befinden, können Sie mit dieser Tastenkombination in den Posteingang wechseln.

In den Postausgang wechseln   `Strg` + `⇧` + `O`

Wenn Sie nachsehen möchten, ob im Postausgang noch Mails herumliegen, drücken Sie einfach diese Tastenkombination.

Tastenkombinationen für Terminplaner und Kalender

Die Organisation und Verwaltung all Ihrer Termine geht schnell von der Hand, wenn Sie die Tastenkombinationen nutzen, die wir in diesem Abschnitt vorstellen.

Neuen Termin erstellen   `Strg` + `N`

Zum Erstellen eines neuen Termins aus der Kalender-Ansicht heraus benutzen Sie diese Tastenkombination. Sie öffnen damit das Fenster zum Eintragen der Details zum Termin.

Aus beliebiger Ansicht neuen Termin erstellen `Strg` + `⇧` + `A`

Falls Sie sich nicht in der Kalender-Ansicht befinden, haben Sie die Möglichkeit, mithilfe dieser Kombination einen neuen Termin zu erstellen.

Weiterleitung eines Termins oder einer Besprechung `Strg` + `F`

Das Weiterleiten eines Termins oder einer Besprechung wird durch diese Tastenkombination erzeugt.

Anzeigen eines Tages im Kalender `Alt` + `1`

Wenn Sie sich nur einen Tag im Kalender anzeigen lassen wollen, erreichen Sie das mit dieser Tastenkombination.

Anzeigen von 9 Tagen im Kalender `Alt` + `9`

Das Anzeigen von 9 Tagen im Kalender funktioniert mit dieser Tastenkombination.

Zu einem Datum wechseln `Strg` + `G`

Dies öffnet einen kleinen Dialog, in dem Sie das Datum, das Sie anzeigen lassen möchten, eingeben können.

Monatsansicht anzeigen lassen `Strg` + `Alt` + `4`

Falls Sie sich zwecks einer besseren Übersicht lieber die Monatsansicht anzeigen lassen wollen, dann hilft Ihnen dieser Griff.

Wochenansicht anzeigen lassen `Strg` + `Alt` + `3`

Eine volle Woche wird Ihnen durch diese Kombination angezeigt.

Neue Besprechungsanfrage `Strg` + `⇧` + `Q`

Eine neue Besprechungsanfrage können Sie mit dieser Tastenkombination herstellen.

Tastenkombinationen für die Kontakte

Um mit Ihren Kontakten »in Kontakt« zu bleiben oder auch neue Kontakte hinzuzufügen, stehen Ihnen die Kombinationen zur Verfügung, die wir in diesem Abschnitt auflisten.

Neuer Kontakt `Strg` + `N`

Wenn Sie sich in der Ansicht KONTAKTE befinden, können Sie mithilfe dieser Kombination einen neuen Kontakt erstellen und die Details dazu eingeben.

Neuer Kontakt aus beliebiger Ansicht `Strg` + `⇧` + `C`

Falls Sie sich in einer anderen Ansicht von Outlook befinden, können Sie mithilfe dieses Griffs das Fenster zur Eingabe eines neuen Kontakts öffnen.

Nach Kontakt suchen `Strg` + `E`

Zum Suchen eines Kontakts benutzen Sie diesen Griff.

Suche nach Kontakt in der Tabellen- oder Listenansicht   ⇧ + [Buchstabe]

Wenn Sie sich in Ihren Kontakten in der Tabellen- oder Listenansicht befinden, können Sie sich mit dieser Kombination den von Ihnen gesuchten Kontakt anzeigen lassen.

Alle Kontakte markieren   Strg + A

Um alle Ihre Kontakte auszuwählen, ist diese Kombination die richtige.

Alle ausgewählten Kontakte einer Nachricht anfügen   Strg + F

Um eine Nachricht zu erstellen, in der alle zuvor ausgewählten Kontakte angefügt werden, ist diese Kombination die richtige.

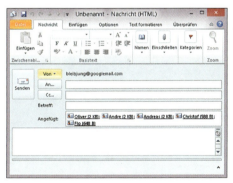

Verteilerliste erstellen   Strg + ⇧ + L

Wenn Sie eine Verteilerliste in Ihren Kontakten erstellen möchten, nutzen Sie diese Tastenkombination.

Markierungen/Erweiterung von Markierungen 7

Mit bestimmten Tastenkombinationen haben Sie Elemente, Textbereiche, Tabellen, Zeilen, Spalten et cetera im Nu markiert. In diesem Kapitel listen wir nochmals die schönsten Tastenkombinationen zum Markieren auf.

Alles markieren `Strg` + `A`

Diese bekannte Tastenkombination markiert sozusagen alles, im Windows-Explorer alle Ordner und Dateien, in Word den gesamten Text des geöffneten Dokuments, Text und Grafiken einer Webseite, in Excel das Tabellenblatt. Allerdings ist hier zu beachten, dass nur der Zellenbereich beziehungsweise die Tabelle markiert wird, wenn sich die aktive Zelle vor dem Drücken der Tastenkombination irgendwo innerhalb des Zellenbereichs befindet. Erst beim zweiten Drücken der Tastenkombination wird dann das Tabellenblatt markiert. Anders ist es, wenn sich die aktive Zelle in einem leeren Bereich befindet: Dann wird sofort das ganze Tabellenblatt markiert.

Anzuwenden unter anderem in: Windows, Excel, Word, PowerPoint, Browser

Markieren im Erweiterungsmodus `F8`

Eine oft vergessene Möglichkeit zum Markieren: Drücken Sie einfach `F8`, um in den sogenannten Erweiterungsmodus zu gelangen. Nun können Sie mit den Pfeiltasten die nächsten Zeichen markieren. In Excel markieren Sie mit dieser Methode Spalten und Zeilen. Mit `Esc` heben Sie den Erweiterungsmodus wieder auf.

Anzuwenden in: Word, Excel

Im Zusammenhang mit `F8` gibt es für Word weitere Markierungsmöglichkeiten:

Wort markieren   2 × `F8`
Dies markiert ein Wort.

Satz markieren   3 × `F8`
So markieren Sie einen Satz.

Aktiven Absatz markieren   4 × `F8`
So markieren Sie im Erweiterungsmodus den aktiven Absatz.

Zeichen links oder rechts markieren   `⇧` + `←` oder `→`
Damit markieren Sie ein Zeichen links oder rechts des Cursors.

Anzuwenden in: Word

> Die Methode, zum Markieren `⇧` einzusetzen und dann mit den Pfeiltasten über den zu markierenden Bereich zu wandern, ist generell eine gute Wahl. Das klappt oft besser, als mit der Maus zu markieren. Sie können damit sehr präzise steuern, was markiert wird; und wenn Sie zu viel markiert haben, drücken Sie einfach `←`, um die Markierung wieder aufzuheben.

Wortanfang beziehungsweise Wortende markieren   `Strg` + `⇧` + `←` beziehungsweise `→`
Damit markieren Sie bis zum Wortanfang beziehungsweise Wortende.

Anzuwenden in: Word

Absatz nach oben beziehungsweise nach unten markieren
`Strg` + `⇧` + `↑` beziehungsweise `↓`

Damit markieren Sie den aktuellen Absatz nach oben bis zum Absatzanfang beziehungsweise nach unten bis zum Absatzende.

Anzuwenden in: Word

Bis zum Anfang markieren
`Strg` + `⇧` + `Pos1`

Wenn Sie diese Tastenkombination drücken, erweitern Sie die Markierung ab Cursorposition bis zum Anfang eines Dokuments.

Anzuwenden in: Word

Bis zum Ende markieren
`Strg` + `⇧` + `Ende`

Mit dieser Tastenkombination erweitern Sie die Markierung ab Cursorposition bis zum Ende eines Dokuments.

Anzuwenden in: Word

Markierung bis Anfang beziehungsweise Ende des Absatzes
`Strg` + `⇧` + `↑` beziehungsweise `↓`

Dies erweitert eine Markierung ab Cursorposition bis zum Anfang beziehungsweise Ende eines Absatzes.

Anzuwenden in: Word

Bildschirmseite nach oben markieren
`⇧` + `Bild ⇧`

Damit erweitern Sie eine Auswahl ab Cursorposition um eine Bildschirmseite nach oben.

Anzuwenden in: Word

Bildschirmseite nach unten markieren ⇧ + Bild⇩

Damit erweitern Sie eine Auswahl ab Cursorposition um eine Bildschirmseite nach unten.

Anzuwenden in: Word

Spalte in Word-Tabelle markieren Alt + ⇧ + Bild⇩

beziehungsweise Bild⇩

Damit markieren Sie die Spalte einer Word-Tabelle (mit den Pfeiltasten müssen Sie vorher zur ersten beziehungsweise letzten Zelle der Spalte gehen).

Anzuwenden in: Word

Gesamte Word-Tabelle markieren Alt + 5

(aus Nummernblock)

Damit markieren Sie die gesamte Word-Tabelle. Falls es nicht funktioniert, probieren Sie ⇧ + Alt + 5.

Anzuwenden in: Word

Datenbereich oder ganzes Tabellenblatt markieren Strg + A

Wenn sich die aktive Zelle innerhalb eines Datenbereichs befindet, wird mit Strg + A der aktuelle Bereich markiert, wobei es keine Rolle spielt, welche Zelle aktiviert ist. Erst wenn Strg + A ein zweites Mal gedrückt wird, wird das gesamte Arbeitsblatt markiert.

Anzuwenden in: Excel

Gesamtes Arbeitsblatt markieren `Strg` + `⇧` + `   `

Damit markieren Sie in einem Rutsch das gesamte Arbeitsblatt.

Anzuwenden in: Excel

Spalte eines Arbeitsblatts markieren `Strg` + `   `

Dies markiert die komplette Spalte eines Arbeitsblatts.

Anzuwenden in: Excel

Zeile eines Arbeitsblatts markieren `⇧` + `   `

Dies markiert die komplette Zeile eines Arbeitsblatts.

Anzuwenden in: Excel

Markierung bis zum Anfang des Tabellenblatts `Strg` + `⇧` + `Pos1`

Dies erweitert eine Markierung bis zum Anfang des Tabellenblatts.

Anzuwenden in: Excel

Markierung bis zur letzten verwendeten Zelle `Strg` + `⇧` + `Ende`

Dies erweitert eine Markierung bis zum Ende der letzten verwendeten Zelle.

Anzuwenden in: Excel

Spalte mit Zellinhalt markieren

Mit dieser Tastenkombination markieren Sie die Spalte mit Zellinhalt ab der aktivierten Zelle.

Anzuwenden in: Excel

Zeile mit Zellinhalt markieren [Strg] + [⇧] + [→]

Mit dieser Tastenkombination markieren Sie die Zeile mit Zellinhalt ab der aktivierten Zelle.

Anzuwenden in: Excel

Zellen markieren, deren Inhalt sich von Vergleichszelle unterscheidet [Strg] + [⇧] + [0]

Dies markiert Zellen in allen Zeilen, deren Inhalt sich von dem der Vergleichszelle unterscheidet. Die Vergleichszelle befindet sich in jeder Zeile in derselben Spalte wie die aktive Zelle.

Anzuwenden in: Excel

Alle Zellen mit angehängtem Kommentar markieren

Dies markiert in einem Rutsch alle Zellen mit einem angehängten Kommentar.

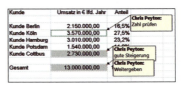

Eigene Shortcuts erstellen 8

Die vielen integrierten Tastenkombinationen sind eine tolle Sache; viele Aktionen können Sie damit flott erledigen, sofern Sie sich zur rechten Zeit an den richtigen Shortcut erinnern. Die gute Nachricht ist, dass Sie sich – zum Beispiel für Word – auch eigene Tastenkombinationen erstellen können. Das lohnt sich, wenn Sie sehr häufig eine bestimmte Aktion durchführen müssen, für die es noch keine Tastenkombination gibt. Dann nutzen Sie einfach Ihren individuellen Shortcut, und voilà, die Sache ist ruck, zuck erledigt.

Shortcuts für Word

Um eine eigene Tastenkombination in Word festzulegen, gehen Sie folgendermaßen vor:

1. Wählen Sie DATEI|OPTIONEN|MENÜBAND ANPASSEN. Alternativ können Sie auch eine leere Stelle in irgendeiner Registerkarte anklicken und im Kontextmenü den Befehl MENÜBAND ANPASSEN wählen.

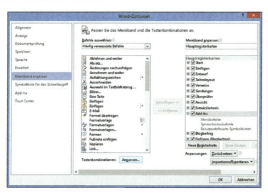

2. Klicken Sie im Dialog unterhalb der Befehlsliste auf die Schaltfläche ANPASSEN.

3. Im folgenden Dialog suchen Sie zunächst den Befehl, den Sie mit dem Tastenkürzel verbinden möchten. Am besten ist es, wenn Sie im Feld KATEGORIEN die Option ALLE BEFEHLE einstellen; auf diese Weise können Sie sicher sein, im Fenster rechts daneben unter BEFEHLE tatsächlich alle Befehle angezeigt zu bekommen.

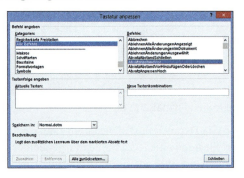

4. Wandern Sie nun in der Liste BEFEHLE zu dem Befehl, für den Sie ein Kürzel festlegen möchten. Die Liste ist natürlich sehr lang, aber wie Sie sehen, ist sie alphabetisch sortiert.

5. In unserem Beispiel gehen wir zum Befehl ABSATZABSTANDVOR. Werfen Sie einen Blick auf das Feld AKTUELLE TASTEN. Sie sehen, dass hierfür noch kein Tastenkürzel definiert ist.

6. Setzen Sie den Cursor in das Feld NEUE TASTENKOMBINATION und geben Sie die Tastenkombination ein, die Ihnen für den Befehl vorschwebt. Kombinationen ergeben sich zum

Beispiel in Verbindung mit [Strg] oder [Alt]. Es muss natürlich eine Kombination sein, die noch nicht belegt ist. Geben Sie Ihre »Wunschkombination« hintereinander ohne Plus-Zeichen ein und halten Sie die Tasten gedrückt. Sofern die Kombination bereits verwendet wird, werden Sie im Dialog darauf hingewiesen. Sie müssen dann eine andere wählen, also so lange probieren, bis Sie die Meldung erhalten: NICHT ZUGEWIESEN.

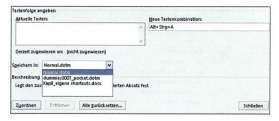

7. Achten Sie auch auf das Feld SPEICHERN IN. Hier legen Sie fest, ob der Shortcut generell in Word zur Verfügung stehen soll, also in der Vorlage NORMAL.DOT, in einer anderen Dokumentvorlage (die derzeit geladen ist) oder nur in dem aktuellen Dokument.

8. Zu guter Letzt klicken Sie auf SCHLIESSEN oder drücken [←]. Die Tastenkombination sollte nun funktionieren. Probieren Sie es aus.

Shortcuts für Programmverknüpfungen

Um ein Programm auf die Schnelle aufzurufen, sind eigene Shortcuts hervorragend geeignet. Und die gute Nachricht. Sie sind sehr einfach zu erstellen; die weniger gute Nachricht: Sie sind bei der Festlegung der Tastenkombination auf

Kombinationen beschränkt, die mit ⌜Strg⌝ + ⌜Alt⌝ anfangen müssen.

1. Lassen Sie den Desktop anzeigen und rufen Sie für die Programmverknüpfung, für die Sie einen Shortcut festlegen möchten, das Kontextmenü auf (zum Beispiel mit ⌜⇧⌝ + ⌜F10⌝).
2. Rufen Sie die EIGENSCHAFTEN auf.

3. Aktivieren Sie im Dialog EIGENSCHAFTEN die Registerkarte VERKNÜPFUNGEN.
4. Geben Sie im Feld TASTENKOMBINATIONEN eine Kombination ein. Drücken Sie als Erstes ruhig auch einmal ⌜⇧⌝ oder eine andere Taste; Sie werden feststellen, dass als Erstes immer ⌜⇧⌝ + ⌜Alt⌝ erscheinen, egal was Sie drücken. Sie können also nur einen Shortcut wählen, der sich aus diesen beiden Tasten und einem weiteren Buchstaben/Zeichen zusammensetzt.

5. Schließen Sie Ihre Eingabe mit Übernehmen ab.

Probieren Sie Ihren neuen Shortcut aus. Toll, oder? Gerade in Windows 8, wo Sie mitunter recht mühselig durch die Kacheln wandern müssen, um zu einem Programm zu gelangen (da man nicht so viele Symbole auf den Desktop legen sollte, dass man auch hier die Übersicht verliert), ist so ein Shortcut für unseren Geschmack ein echter Gewinn.

Mehr als zehn persönliche Empfehlungen 9

In diesem Büchlein sind viele Tastenkombinationen versammelt. Kaum jemand kann sich all diese Tastenkombinationen merken, auch wenn sie noch so nützlich sind. Daher listen wir hier unsere persönlichen Favoriten auf, also solche Tastenkombinationen, die wir besonders wertschätzen, da sie uns bei der täglichen Arbeit mit Windows oder Office gute Dienste leisten. Vielleicht sind einige dabei, die auch Sie zu Ihren Favoriten erklären werden.

 Unser Tipp: Versuchen Sie nicht, sich Hunderte von Tastenkombinationen merken zu wollen. Das klappt in der Regel nicht. Besser ist es, sich die Shortcuts herauszupicken, die Ihnen bei Ihren speziellen Aufgaben wirklich helfen. Und je öfter Sie diese Tastenkombinationen dann anwenden, umso flotter gehen sie mit der Zeit von der Hand.

Vergrößern oder verkleinern der Anzeige im Browser

Diese Tastenkombinationen funktionieren in Browsern hervorragend als Zoom zum Vergrößern oder Verkleinern der Anzeige. Wirklich praktisch, wenn die Lesebrille nicht zur Hand ist!

Vergrößern und verkleinern der Anzeige

Wenn Sie ⌈Strg⌉ gedrückt halten und am Mausrad drehen, vergrößern/verkleinern Sie die Anzeige auf dem Bildschirm. Die Kombination ersetzt somit die Zoomfunktion. Im Windows-Explorer verändern Sie damit die Ansicht, zum Beispiel von der Ansicht LISTE zu KLEINE SYMBOLE.

Löschen ohne Papierkorb

Damit löschen Sie ausgewählte Elemente ohne vorheriges Verschieben in den Papierkorb – eine praktische Tastenkombination, wenn Sie sicher sind, das Element wirklich entfernen zu wollen. Das erspart Ihnen dann den weiteren Schritt, auch noch den Papierkorb leeren zu müssen. Sie erhalten allerdings noch die Nachfrage, ob Sie das Element wirklich löschen möchten.

Wir wenden ⌈⇧⌉ + ⌈←⌉ vor allem im Posteingang von Outlook an, um Spam-Mails zu löschen. Das klappt toll und verhindert, dass sich im Ordner GELÖSCHTE ELEMENTE binnen kürzester Zeit Hunderte von Mails anhäufen.

Bildschirmfoto des aktiven Fensters `Alt` + `Druck`

Diese Tastenkombination erstellt ein Bildschirmfoto des aktiven Fensters. Der Screenshot landet in der Zwischenablage und kann dann in ein Dokument eingefügt werden. Ein netter Shortcut, um auf die Schnelle und ohne extra ein Programm aufrufen zu müssen, einen Screenshot zu erzeugen.

Kopieren des ausgewählten Elements `Strg` + `C`
(oder `Strg` + `Einfg`)

Diese bekannte Tastenkombination kopiert das ausgewählte Element, egal, ob es sich um einen Ordner, eine Datei, eine Auswahl in einem Dokument oder eine Auswahl auf einer Webseite handelt.

Ausschneiden des ausgewählten Elements `Strg` + `X`

Die Tastenkombination schneidet das ausgewählte Element aus, anstatt es zu kopieren. Es wird also nicht am Ursprungsort belassen wie beim Kopieren, sondern dort regelrecht weggenommen.

Einfügen des ausgeschnittenen oder kopierten Elements `Strg` + `V`
(oder `⇧` + `Einfg`)

Mit dieser Tastenkombination fügen Sie zuvor kopierte oder ausgeschnittene Elemente ein. Zuvor gehen Sie zum Zielort. Dies kann ein anderes Verzeichnis oder ein anderes Laufwerk sein, oder zum Beispiel eine andere Stelle in einem Dokument.

Aufrufen des Startbildschirms `Strg` + `Esc`

Damit wird in Windows 8 der Startbildbildschirm aufgerufen, in älteren Windows-Versionen und in Windows 10 das Startmenü.

Tastaturlayout ändern `Alt` + `⇧`

Dies ändert die Sprache Ihrer Tastatur, also das Tastaturlayout. Oft wird diese Kombination versehentlich gedrückt und sorgt für Verwirrung, weil die Tasten plötzlich anders belegt sind. Mit dieser Tastenkombination lösen Sie das Problem, ohne sich durch die Systemsteuerung klicken zu müssen.

Auswahlmenü in Windows 8 einblenden

Die blendet in Windows 8 ein Menü ein, aus dem man unter anderem zur Systemsteuerung, zum Task-Manager und zum Windows-Explorer gelangt.

Den Task-Manager aufrufen `Strg` + `Alt` + `Entf`

Die wohl bekannteste Tastenkombination ist der sogenannte Affen- oder Klammergriff (diese Bezeichnung geht zurück auf die seltsam anmutende Handhaltung), der immer hilfreich ist, wenn es Probleme mit einem Programm gibt. Mit diesem Griff rufen Sie – in neueren Windows-Versionen – ein Menü auf, über das Sie unter anderem den Task-Manager öffnen können. Dort können abgestürzte Programme beendet oder Systeminformationen eingesehen werden.

Neue Elemente in verschiedenen Programmen öffnen

`Strg` + `N`

Diese Tastenkombination ist sehr praktisch, denn Sie können damit in den diversen Programmen etwas Neues öffnen: in Word ein neues Dokument, in Excel eine neue Arbeitsmappe, in Outlook (in der E-Mail-Ansicht) ein Fenster für eine neue E-Mail.

Zwischen geöffneten Applikationen springen

`Alt` + `⇥`

Mit dieser Tastenkombination können Sie zwischen geöffneten Applikationen hin und her springen: Halten Sie einfach `Alt` gedrückt und springen Sie mit `⇥` in das Fenster Ihrer Wahl.

Alles markieren

Diese Tastenkombination markiert generell alles! Sie können damit zum Beispiel alle Dateien des geöffneten Verzeichnisses markieren oder den Inhalt eines ganzen Word-Dokuments.

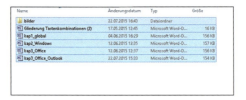

Suchfenster öffnen

Diese Kombination können Sie zum Suchen benutzen. In Windows 8 geht damit ein Suchfenster auf, in dem Sie Ihren Suchbegriff eingeben können.

Stichwortverzeichnis

A

Abgesicherter Modus 27
Absatz
    Einzug 61
    hängend 62
Adressleiste 26
Aktualisierung 16
Aktuelle Uhrzeit
    Format 85
Aktuelles Datum
    Format 84
Alles markieren 19
Ansicht
    Entwurf 51
    Gliederungsansicht 51
    Kalenderansichten 92
    Monatsansicht 93
    Seitenlayout 51
    Wochenansicht 93
Antworten
    E-Mail 90
Anwendung schließen 18
Anzeige
    vergrößern 21
    verkleinern 21
Arbeitsblatt
    markieren 77
    neu berechnen 86
Arbeitsmappe
    leere öffnen 70
    neu berechnen 86
    schließen 71
    speichern 71
    wechseln 70
Aufgaben-Ansicht 87
Ausführen 31
Auslassungspunkte 65
Ausrichtung
    Blocksatz 61
    linksbündig 61
    rechtsbündig 61
    zentriert 61
Ausschneiden 20, 57
Auswahl verschieben 57
Auswahlmenü
    Windows 8 35

B

Baustein erstellen 51
Bedingter Trennstrich 63
Besprechungsanfrage 94
Bildschirmansicht drehen 23
Bildschirmfoto 17
Bildschirmlupe aktivieren 24
Blocksatz 61

C

Center für erleichterte
    Bedienung 32
Charms-Leiste
    aufrufen 30
Copyright-Symbol 64

D

Datei
    umbenennen 25
Datum
    gehe zu 93
Desktop anzeigen 31

Desktop aufrufen 21
Diagramm erstellen
  in Excel 74
Diagrammblatt öffnen 74
Dialog
  Gehe zu 72
  Gehe zu Datum 93
  Hyperlink einfügen 44
  Indexeintrag festlegen 52
  Inhalte einfügen 57
  Link einfügen 73
  Löschen 76
  navigieren in 45
  Neuen Baustein erstellen 51
  Öffnen 48
  Optionen ansteuern 45
  Registerkarte aktivieren 44
  Schriftart 60
  Speichern unter 17, 41, 49
  Suchen und Ersetzen 50, 72
  Tabelle erstellen 73
  Zellen einfügen 76
  Zellen formatieren 81
Dialog Ausführen 31
Dokument
  alles markieren 53
  neu 40, 47
  öffnen 40, 48
  schließen 19, 42, 48
  speichern 41, 49
  suchen in 50
Dokumentfenster teilen 49
Druckdialog aufrufen 72
Druckdialog öffnen 43
Drucken
  E-Mail 91
  Serienbriefe 68
Druckvorschau öffnen 41

E

E-Mail
  als ungelesen markieren 90
  antworten 90
  drucken 91
  löschen 90
  neu 89
  öffnen 90
  senden 90 f.
  weiterleiten 90
E-Mail-Ansicht 87
Eigene Tastenkombination 103
Eigenschaften anzeigen 28
Einfügen 20, 57
Eingetragene Marke 64
Einzug 61
Element löschen 23
Element wechseln 26
Endnotenzeichen einfügen 52
Entwurfsansicht 51
Ersetzen 50
Erweiterungsmodus 53, 97
  Word-Tabelle 66

F

Feld
  aktualisieren 67
  DATE einfügen 67
  einfügen 67
  PAGE einfügen 68
  sperren 67
  Sperrung aufheben 67
  TIME einfügen 68
  Verknüpfung aufheben 67
  Word 66
Fenster
  halbieren 35
  mit Apps füllen 35
  teilen 35
  wechseln 43
Fenster schließen 42
Fenstergröße wiederherstellen 43
Fenstermenü öffnen 18
Fensterwechsel 18

Format
  aktuelle Uhrzeit 85
  aktuelles Datum 84
Formatierung
  Absatz 61
  doppelte Unterstreichung 59
  fett 58
  in Word 58
  kursiv 59
  löschen 60
  nur Wörter unterstreichen 59
  Schriftgrad ändern 59
  übertragen 62
  unterstrichen 59
Formatierung Durchgestrichen
  Excel 82
Formatierung Fett
  Excel 81
Formatierung Kursiv
  Excel 82
Formatierung Unterstreichung
  Excel 82
Formatierungszeichen 58
Formatvorlage
  Standard zuweisen 62
  Überschrift 1 zuweisen 62
  Überschrift 2 zuweisen 62
Formel auswerten 85
Fußnote einfügen 52

G

Geöffnete Apps anzeigen 22
Geschützter Trennstrich 63
Geschütztes Leerzeichen 64
Geviertstrich 65
Gliederungsansicht 51
Groß-/Kleinschreibung
  wechseln 60

H

Hängender Einzug 62
Hilfe aufrufen 15
Hyperlink einfügen 44

I

Indexeintrag festlegen 52
Inhalte einfügen 57

K

Kalender-Ansicht 87
Kommentar einfügen 74
  Word 63
Kontakt
  alle markieren 95
  anzeigen 95
  neu 94
  suchen 94
Kontakte-Ansicht 87
Kontextmenü aufrufen 23
Kontextmenü öffnen 43
Kopieren 20, 56
  in Word 56

L

Leere Arbeitsmappe 40
Leere Präsentation 40
Leeres Dokument 40, 47
Linksbündig 61
Löschen
  E-Mail 90
  ohne Papierkorb 23
  Zeile/Spalte 76

M

Makroliste aufrufen 74
Markieren 97
  ab Cursorposition 54

alles 19
Arbeitsblatt 77
Bildschirmseite 54
bis Anfang Dokument 54
bis Anfang Tabellenblatt 77
bis Ende Dokument 54
bis Ende Tabellenblatt 78
im Erweiterungsmodus 53
in Excel-Tabellen 77
in Word 53
in Word-Tabellen 65
Kontakte 95
mit F8 97
Spalte in Word-Tabelle 55
Word-Tabelle 65
Zellen mit Kommentar 79
Menüband
   Zugriffstasten 39
Menüband aus-und einblenden 39
Menüleiste einblenden
   Internet Explorer 16
Monatsansicht 93

N

Navigationsbereich 50
Navigieren
   Anfang Dokument 55
   Ende Dokument 55
   in Dialogen 45
   in Excel 69
   in Word 55
   zur letzten
   Bearbeitungsstelle 56
Neue E-Mail 89
Neuer Kontakt 94
Neuer Ordner 27
Neuer Termin 91
Nicht druckbare Zeichen 58

O

Öffnen 40
   Dokument 40, 48
   E-Mail 90
Ordner
   ausblenden 27
   einblenden 27
   neu 27
   umbenennen 25
Ordner wechseln
   in Posteingang 91
Outlook
   Suchen 88
   Tastenkombinationen 87

P

Postausgang öffnen 91
Posteingang
   wechseln in 91
Programm aufrufen 105
Prozentformat 84

R

Rechts ausfüllen 79
Rechtsbündig 61
Registerkarte
   wechseln zu 40
Registerkarte aktivieren
   in Dialog 44
Rückgängig 20
Rückgängig machen 42

S

Schließen 42
   Dokument 19, 48
   Fenster 42
Schriftgrad ändern 59
Screenshot 17, 33
   aktives Fenster 18
   teilen 33
Seitenlayout 51
Seitenumbruch einfügen 58

Senden
  E-Mail 90 f.
Serienbrief
  drucken 68
  zusammenführen 68
Seriendruck 68
Seriendruck-Vorschau 68
Seriendruckfeld einfügen 68
Shortcut
  erstellen 103
Sonderzeichen einfügen 63
Spalte
  ausblenden 76
  einblenden 76
  einfügen 76
  löschen
  in Excel 76
  markieren 77
Spalte markieren
  Word-Tabelle 55
Speichern 41
  Dokument 49
Sperren 32
Sprachausgabe aktivieren 37
Startbildschirm aufrufen 21, 28, 30
Startmenü aufrufen 28, 30
Suche
  wiederholen 50
Suchen
  im Windows-Explorer 26
  in Arbeitsmappe 72
  in Dokumenten 50
  in Office 42
  nach Kontakt 94
  Outlook 88
Suchfeld einblenden 32
Summenfunktion
  einfügen 85
Systemsperre 32

T

Tabelle markieren
  Word 65
Tabellenblatt
  neues einfügen 70
  wechseln zu 70
Task-Manager aufrufen 21, 27
Taskleiste
  navigieren in 33
Tastaturlayout ändern 29
Tastenkombination
  erstellen in Word 103
  für Programmaufruf 105
  mit Windows-Taste 30
Tastenkombinationen
  für Outlook 87
Teilen
  Dokumentfenster 49
Termin
  neu 91
  weiterleiten 92
Trademark-Zeichen 64
Trennstrich
  bedingter 63
  geschützter 63

U

Überarbeitungsmodus 63
Umbenennen
  Datei 25
  Ordner 25
Unten ausfüllen 79

V

VBA-Editor aufrufen 75
Verteilerliste erstellen 95
Vollbildmodus 16

W

Weiterleiten
 E-Mail 90
 Termin 92
Wiederherstellen 21
Windows-Explorer
 aufrufen 31
Windows-Hilfe aufrufen 31
Windows-Taste 30
Wochenansicht 93
Word-Tabelle
 Erweiterungsmodus 66

Z

Zahlenformat
 Prozent 84
 Standard 83
 Uhrzeit 84
 Währung 83
 Wissenschaft 84
 Zahl 83
Zahlenformate 83
Zeichenformatierung 58
 löschen 61
Zeile
 ausblenden 76
 einblenden 76
 infügen 76
 löschen
 in Excel 76
 markieren 77
Zeile hinzufügen
 in Word-Tabelle 65
Zeilenabstand doppelt 61
Zeilenabstand einfach 61
Zeilenumbruch einfügen 58
Zelle bearbeiten 75
Zentriert 61
Zoom 21
 Webseiten 21
Zugriffstasten
 im Menüband 39
Zugriffstasten einblenden 40

KURZ UND KNACKIG – DIE »POCKETBÜCHER FÜR DUMMIES«

Beim Golf putten, chippen und pitchen für Dummies
ISBN 978-3-527-70455-2

Das Bewerbungsgespräch
für Dummies
ISBN 978-3-527-70491-0

Der erfolgreiche Verkaufsabschluss
für Dummies
ISBN 978-3-527-70463-7

Die kleine Segelschule für Dummies
ISBN 978-3-527-70453-8

Entspannen durch Meditation
für Dummies
ISBN 978-3-527-70460-6

Einnahmenüberschussrechnung
für Dummies
ISBN 978-3-527-70674-7

Gute Teamarbeit für Dummies
ISBN 978-3-527-70462-0

NLP-Grundlagen für Dummies
ISBN 978-3-527-70456-9

Stressmanagement für Dummies
ISBN 978-3-527-70467-5

Verhandlungstipps für Dummies
ISBN 978-3-527-70459-0

Wohlfühl-Yoga für Dummies
ISBN 978-3-527-70461-3

Zeitmanagement im Job
für Dummies
ISBN 978-3-527-70454-5

GEWUSST WIE MIT DEN »POCKETBÜCHERN FÜR DUMMIES«

Arbeitszeugnisse für Dummies
ISBN 978-3-527-70586-3

Assessment-Center für Dummies
ISBN 978-3-527-70464-4

Balanced Scorecard für Dummies
ISBN 978-3-527-70466-8

Grundlagen des Small Talk
für Dummies
ISBN 978-3-527-70608-2

Grundlagen Projektmanagement
für Dummies
ISBN 978-3-527-70595-5

Der erfolgreiche Verkaufsabschluss
für Dummies
ISBN 978-3-527-70463-7

Gute Teamarbeit für Dummies
ISBN 978-3-527-70462-0

NLP-Grundlagen für Dummies
ISBN 978-3-527-70456-9

Techniken der Schlagfertigkeit
für Dummies
ISBN 978-3-527-70798-0

Werben mit kleinem Budget
für Dummies
ISBN 978-3-527-70458-3

SOFT SKILLS KOMPAKT – DIE »POCKETBÜCHER FÜR DUMMIES«

Besser präsentieren für Dummies
ISBN 978-3-527-70569-6

Der erfolgreiche Verkaufsabschluss
für Dummies
ISBN 978-3-527-70463-7

Gedächtnistraining im Beruf
für Dummies
ISBN 978-3-527-70678-5

Gute Teamarbeit für Dummies
ISBN 978-3-527-70462-0

Körpersprache im Beruf
für Dummies
ISBN 978-3-527-70567-2

NLP-Grundlagen für Dummies
ISBN 978-3-527-70456-9

Grundlagen des Small Talk
für Dummies
ISBN 978-3-527-70608-2

Organisiert am Arbeitsplatz
für Dummies
ISBN 978-3-527-560-3

Professionell telefonieren
für Dummies
ISBN 978-3-527-70571-9

Rhetorik für Dummies
ISBN 978-3-527-70561-0

Techniken der Schlagfertigkeit
für Dummies
ISBN 978-3-527-70798-0

Verhandlungstipps für Dummies
ISBN 978-3-527-70459-0

Zeitmanagement im Job
für Dummies
ISBN 978-3-527-70454-5

FÜR DUMMIES

MIT KLEINEM FÜHRER DURCH DIE WELT – DIE »SPRACHFÜHRER FÜR DUMMIES«

Sprachführer Arabisch
für Dummies
ISBN 978-3-527-70668-6

Sprachführer Chinesisch
für Dummies
ISBN 978-3-527-70582-5

Sprachführer Englisch
für Dummies
ISBN 978-3-527-70526-9

Sprachführer Französisch
für Dummies
ISBN 978-3-527-70525-2

Sprachführer Italienisch
für Dummies
ISBN 978-3-527-70524-5

Sprachführer Niederländisch
für Dummies
ISBN 978-3-527-70757-7

Sprachführer Russisch
für Dummies
ISBN 978-3-527-70580-1

Sprachführer Spanisch
für Dummies
ISBN 978-3-527-70581-8

Sprachführer Türkisch
für Dummies
ISBN 978-3-527-70758-4

Telefonieren auf Englisch
für Dummies
ISBN 978-3-527-70652-5